투자,
작지만
삶을
변화시키는
힘

투자, 작지만 삶을 변화시키는 힘

인생을 송두리째 바꾸고 싶은 당신을 위한 이야기

초 판 1쇄 2025년 01월 23일

지은이 차우준
펴낸이 류종렬

펴낸곳 미다스북스
본부장 임종익
편집장 이다경, 김가영
디자인 윤가희, 임인영
책임진행 이예나, 김요섭, 안채원, 김은진, 장민주

등록 2001년 3월 21일 제2001-000040호
주소 서울시 마포구 양화로 133 서교타워 711호
전화 02) 322-7802~3
팩스 02) 6007-1845
블로그 http://blog.naver.com/midasbooks
전자주소 midasbooks@hanmail.net
페이스북 https://www.facebook.com/midasbooks425
인스타그램 https://www.instagram.com/midasbooks

ⓒ 차우준, 미다스북스 2025, *Printed in Korea*.

ISBN 979-11-7355-047-8 03320

값 18,000원

미다스북스는 다음세대에게 필요한 지혜와 교양을 생각합니다.

투자,
작지만 삶을 변화시키는
힘

인생을 송두리째 바꾸고 싶은
당신을 위한 이야기

Invest and be rich

차우준 지음

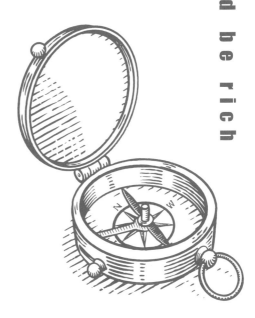

미다스북스

Invest and be rich

이 책은 저자가 왜 투자를 시작했고, 현재 그 투자가 어떠한 연유로 삶의 일부가 되었는지에 대한 내용을 담고 있다. 저자는 인생을 오래 살았다 말하기 어렵다. 그래도 20대와 30대, 비슷한 연배인 40대, 조금 더 나아가 생각을 공유하는 50대인 독자들에게 부담감 없이 나를 이야기할 수는 있겠다. 저자는 이 책에 자신의 삶이 어떠했는지, 현재는 어떤 삶을 살아가고 있는지, 미래를 위해 어떤 준비를 하고 있는지 담았다.

공학박사, 과학자·연구자, 금융회사 전문직원, 저술가, 계약직 노동자, 40대, 미혼 남자, 아들, 삼촌, 투자자 등은 지금의 저자를 표현할 수 있는 단어들이다. 왜 이러한 단어들이 저자를 설명할 수밖에 없게 되었는지는 다양한 삶에서의 관계와 사건들 때문이다. 이전까지 저자는 자신의 삶을 참으로 부당하다고 느껴 현실을 원망했다. 누군가에게서 들었던 말, "결핍은 인간을 성장시킨다." 저자에게 있어서만큼은 100% 유효하다.

인공지능과 로보틱스, 유전공학 등 다양한 과학기술 영역에서 급진적인 발전이 이루어지고 있는 시대를 우리는 살아간다. 이러한 기술의 발전은 우리 사회 전반으로 빠르게 침투하고 있으며, 현재와는 많이 다른 미래를 만들어낼 것이다. 그 미래가 유토피아일지 디스토피아일지, 그것은 잘 모르겠다. 다만, 지금의 기술적 진보와 이에 따른 사회 변화는 인간 노동력의 대체 그리고 관련 신산업의 등장을 명확하게 예고하고 있다. 이러한 거대 변화를 인식하지 못한다면 우리는 곧 다가올 미래가 참으로 달갑지 않을 것이다.

저자는 계약직 노동자라는 신분을 보완하고자 투자를 시작했지만, 이제는 거대한 시대 변화에 능동적인 대응 차원에서 투자를 지속하고 있다. 일반 대중에게도 투자는 이제 선택이 아닌 필수가 되어가고 있다. 다만, 많은 이들이 이러한 사실을 아직 깨닫지 못한 상황인 것 같다. 이 책은 그들에게 작지만 깨달음의 계기가 되어주기를 희망한다.

2024년 바다가 보이는 자취방에서

목
차

책을 시작하며   005

1부
자산 투자

1. 주식과 사랑에 빠지지 말라   015

2. 투자가 필요해!   037

- 차 과장, 내년에는 함께 할 수 없습니다

- 정규직은 자산, 계약직은 비용

- 결과적으로 나는 계약직이라 다행입니다

- 나는 투자를 계속하겠습니다

3. 또 한 번의 기술혁명기 065

    – W를 찾아서

    – 테슬라 투자를 시작하다

    – 바야흐로 인공지능의 시대

4. 비트코인, 투자기회의 행운 094

    – 행운처럼 찾아온 비트코인 4차 반감기

    – 사운드 머니(Sound Money)

    – 미국 달러, 과연 영원할까?

2부
삶의 투자

1. 꿈을 향해 내달리다 111

    – 저는 한때 꿈을 좇아 살았습니다

    – 더 이상 두 번은 하지 말자!

    – 사관후보생 시절: 유격−생존훈련

    – 자살을 생각했다

    – 넌 왜 계속 뭔가를 이루려고 해?

2. 나는 글을 쓰는 저술가입니다   147

　　　　　− 차 선생, 계속 책 쓰는 일을 놓지 말아요

　　　　　− 내가 사랑했던 문인, 마광수

3. 쌍둥이 조카들: 미래세대에 대한 걱정   161

부록 못다 한 이야기 모음(Collaborated with AI 'Grok')   168

　　　　　− 복리의 마법

　　　　　− 실업급여

　　　　　− 늦은 때란 없다?

　　　　　− 노년층 경제력 관련 단상

　　　　　− 2024년 여름, NewJeans의 '푸른 산호초'

　　　　　− 퇴직한 부서장과의 저녁식사

　　　　　− 엄마의 옛 다이어리 속 메모

책을 마치며   187

이 책에 수록된 내용 전반은 저자가 지금까지 삶을 살아오며 겪었던 일들에 기반하고 있다. 즉 저자 개인의 삶 이야기이자, 그 삶을 통해 배우고 깨닫게 되었던 것들에 대한 공유하는 내용이다. 저자 개인의 오랜 기억에 의존한 내용들도 적지 않은 이유로 이야기의 흐름을 잘 이끌어가고자 일부 재해석과 꾸밈/덧붙임이 있음을 미리 밝힌다. 다만, 그것들은 대략 10% 내외에 불과하며 이 책을 구성하는 이야기의 90% 이상은 저자의 삶 그 자체이다.

1부

자산 투자

1.

주식과 사랑에 빠지지 말라

　나는 현재 내 생애 첫 주택인 국민평형보다 약간 작은 아파트 한 채를 제외한 모든 재산을 주식과 일부 자산에 투자하고 있다. 적은 금액은 아니지만 그렇다고 어마어마하게 큰 금액도 아니다. 매입한 원가로 보면, 집 한 채를 제외한 내 자산의 70%는 미국 증권시장에서 거래되는 주식에 투자되어 있다. 나머지는 가상자산인 비트코인과 아주 약간의 알트코인이다.

　주식은 내 자산의 상당 규모로 투자한 탓인지, 매 순간 약간의 걱정과 함께 애착도 크게 느낀다. 2020년 코로나19 팬데믹 기간 중 전 세계 돈의 흐름이 자산시장으로 집중되면서 많은 다양한 자산들이 가치상승을 겪었고, 이후에는 탐욕적인 군중심리가 더해져 자산시장의 거품을 일게 했다. 2015년부터 국내 주식에 어느 정도는 투자하고 있었지만 나는 당시 주식이 무엇인지 전혀 모르는 상태였다. 2020년 모든 자산군에서의 단기 폭락을 겪은 이후, 2020년 가을에서 겨울로 넘어갈 때, 나는 국내 주식을 정리(매도)하고, 해외 주식으로 눈길을 돌렸다. 바로 미국의 우량한 메가테크로 불리는 IT 기반의 대기업 주식에 투자한 것은 아니다. 2021~2022년은 매우 고통스럽고 방황할 수밖에 없던 투자 기간이었다. 한편, 그러면서도 나의 투자는 무지(無知)에서 조금씩 주식의 본질에 대해 알아감으로 변화, 성장해 갔다.

주식시장에 참여하는 이들에게 잘 알려진 말이 있다. 아마 어느 투자구루가 한 말인 것 같은데, 이것이 투자의 시간이 길어지면서 그리고 조금씩 투자의 본질을 깨달아 가면서 '몸이 반응하는 명언'이란 것을 느낀다.

"주식과 사랑에 빠지지 말라."

주식 투자를 직접 해보지 않은 이들은 주식과 사랑에 빠진다는 말에 머리로는 어느 정도 이해가 된다고 할 수 있을지도 모른다. 하지만 체감되는 무언가가 없기 때문에 마치 뜬구름 같은 말처럼 들릴 것이다. 바로 내가 그러했기 때문에 그들을 충분히 이해한다.

사랑이란 무엇일까? 그리고 주식이란 무엇일까? 이 둘이 무엇이기에 사랑에 빠질 수 있으니 조심하라는 유명한 말이 투자자들 사이에 회자되는 것일까?

국어사전에서 사랑은 명사로서 6가지 의미로 정의하고 있다.

1) 어떤 사람이나 존재를 몹시 아끼고 귀중히 여기는 마음, 또는 그런 일

2) 어떤 사물이나 대상을 아끼고 소중히 여기거나 즐기는 마음, 또는 그런 일

3) 남을 이해하고 돕는 마음, 또는 그런 일

4) 남녀 간에 그리워하거나 좋아하는 마음, 또는 그런 일

5) 성적인 매력에 이끌리는 마음, 또는 그런 일

6) 열렬히 좋아하는 대상

사랑의 정의는 모두 어떤 사람이나 대상을 귀중히, 소중히 여기며 좋아하고, 이끌리고, 이해하고 돕는 행위 전반을 가리킨다. 그런데 이 사랑이 무엇이기에 경계해야 하는 대상으로서 언급되고 있는가? 사랑이란 단어 그 자체가 아닌, 사랑의 유의어로 파생되는 '애착', 여기서 한 번 더 유의어를 찾으면 나오는 '집착'이란 단어가 사랑의 범주에서 사용되고 있기 때문이다.

애착은 '몹시 사랑하거나 끌리어서 떨어지지 아니함, 또는 그런 마음', 불교에서는 '좋아하여 집착함'으로 정의한다. 집착은 애착보다 조금 더 편중되고 쏠려있는 마음을 가리키며, '어떤 것에 늘 마음이 쏠려 잊지 못하

고 매달림'이라 정의한다.

사랑이란 단어 자체가 내포하는 긍정적인 느낌과 달리, 애착과 집착은 다소 부정적인 느낌을 주는 사랑의 다른 형태로서, 어떤 사람과 대상에 주관적이고 편중된 그리고 매달리는 마음이다. 즉 애착과 집착을 고집하는 사람은 이성적이고 합리적인 생각과 판단이 쉽지 않다. 내 안의 균형이 무너진 상태이기 때문이다. 그래서 '주식과 사랑에 빠지지 말라.'는 말에서의 사랑은 사실 애착과 집착을 고집하지 말라는 의미로 받아들여야 한다.

이제 주식이 무엇인지 살펴볼 필요가 있다. 주식은 상법과 사전적 정의에 의하면 주식회사의 자본을 이루는 단위이자, 주식회사에 대한 권리와 의무를 지닌 주주의 지분이다. 각국 규제법령에 의해 설치된 증권시장(주식시장)에서 거래되는 주식은 가격이 실시간 형성되어 단순히 주식을 자산가치로 보고 거래하는 시장참여자에게는 지분이라는 인식이 미비한 경우가 왕왕 있다. 주식 등의 자산이나 그 외의 재화 거래가 이루어지는 거래소, 즉 시장은 중요한 기능과 역할을 가지는데, 그것은 바로 거래 가능한 장소를 제공하는 기능과 그 거래(매수-매도) 과정에서 가격을 결정하는 역할이다. 따라서 주식(기업의 지분인 증서)을 거래소(시장)에서 변동성이 있지만 가격을 가지는 거래 가능한 가치물로서만 취급하고 있다면, 주식의 본체를 보지 못하는 경우가 필연적으로 발생할 수밖에 없는 것이다.

다른 자산과 달리, 주식은 본체인 기업(주식회사)의 본질가치에 따라 가격이 결정된다. 모든 주식의 가격이 이 원론적인 의미에서 본질가치를 그대로 반영·수용하는 것은 아니지만, 분명 그래야만 한다. 주식은 지면 혹은 디지털로 작성된 증서에 불과하기 때문에, 증서로서 그 대상물 자체는 본질적인 어떠한 가치를 담고 있지 않다. 그래서 주식의 본체인 기업 본질가치가 가격(시가총액)으로 산정되면, 총 발행된 증서의 수량(총 주식 발행량)으로 시가총액을 나누어, 개별 주식의 가치(가격)는 정해진다. 다만, 모든 시장에서 거래되는 가치물이나 교환물이 그러하듯이 수요와 공급, 즉 수급의 상황에 따라 그것들의 가격은 변동한다. 주식도 마찬가지다. 기업의 본질가치에 의해 주가(주식의 가격)가 산정되었다 할지라도, 그 주식을 원하는 이들이 많아 수요가 높으면 웃돈이 붙고, 반대의 경우라면 헐값에 거래가 된다.

  안드레 코스톨라니, 유럽에서 활동했던 이 유명한 투자가의 말을 빌려서 주식의 가격과 기업의 본질가치는 '주인을 따라 산책하는 개'로 곧잘 비유되곤 한다. 주인은 기업의 본질가치(실물경제), 목줄을 맨 개는 주식의 가격(주식시장), 산책은 사업동향(경기동향)으로 보면 이해가 쉽다. 즉, 목줄을 매고 주인을 따라 산책하는 개와 같이, 주식의 가격은 사업동향에 따라 변화되고 이것이 산정·반영된 기업의 본질가치에 수렴한다. 다만, 개가 주인을 앞서거나 뒤처지는 경우가 발생하는 것처럼 주식의 가격도 기업의 본질가치보다 높거나 낮게 거래될 수 있으나 결국 목줄의 길이 내에서 주인의 산책을 따라갈 수밖에 없다.

주식 투자를 함에 있어서 주식의 본질인 기업을 보지 않고 현물로 보이는 종이 · 디지털 증서 그 자체를 가치가 있다 생각하는 이들(투자자)이 적지 않다. 금과 다이아몬드, 유명한 화가의 걸작들처럼 결코 주식은 증서 그 자체가 가치물이 될 수 없다. 희소성과 사람들의 소유 욕구, 인류가 공유한 역사의 기억저장 등이 없는 개체이기 때문이다. 그럼에도 본질의 존재를 망각하고 주식을 금, 다이아몬드 등과 같이 거래하는 이들이 분명 시장에 존재한다. 이들 상당수는 그래서 자신이 보유한 주식과 사랑, 아니 맹목적인 애착 또는 집착에 빠지는 경우가 왕왕 있다. 다시 말해, 자신의 주식에 애착 또는 집착하는 이들은 자신이 무엇을 소유하고 있는지 자체를 모르기 때문에 이러한 상황을 만드는 것이다.

자신의 주식을 맹목적으로 애착하고 집착하면 어떠한 결과를 맺게 되는지는 상상만으로도 충분히 알 수 있다. 주식의 가격, 즉 주가 변동성과 본질적 가치 변화를 판단할 수 없기 때문에 결론적으로 이들의 투자는 성공을 이루기가 어렵다. 올바른 비유가 될 것인지에 대한 의구심은 생기지만, 그럼에도 비유를 한다면 이 같은 투자는 투자라 하기 어려울뿐더러 도박장의 바카라와 다를 게 없다. 자신의 운에 기대야만 부를 결정지을 수 있기 때문이다.

저자 본인이 직접 경험한 실제 사례이다. 2021년부터 한동안 월급을 받는 날마다 NX(가칭)라는 미국 나스닥에 상장되어 거래되는 주식을 틈

틈이 매수했다. 최초 $30~40의 주가에서 1천만 원을 미국 달러로 환전해 전액 매수했다. 이 주식을 발행한 기업은 유전자 진단키트를 만들어 판매하고, 다시 회수하여 유전자 진단 결과도 제공하는 사업을 운영하고 있었다. 더불어 이 기업의 가장 큰 특징은 전 세계에서 가장 많은 고객을 대상으로 제품을 판매하고 유전자 진단을 하여, 그 데이터를 확보하고 있다는 것이었다. NX 기업은 확보한 방대한 데이터를 인공지능 기술과 접목하고 항암치료 신약 개발 등에 활용하면서 경쟁업체보다 우위를 점할 것이라고 시장 참여자 일부가 판단하고 있었다.

그렇다면 저자는 NX 주식을 어떻게 알고 투자까지 했을까? 다소 부끄럽지만, YouTube 주식 관련 채널에서 이 주식을 소개하는 영상을 처음 접했다. 당시 전 세계적으로 스타덤에 오르게 된 몇몇 글로벌 자산운용사가 이 기업을 긍정적으로 판단해 많은 수량의 주식을 매집했다는 소식도 듣게 되었다. 저자는 NX 주식에 대해 관심을 가지고 있던 차였다. 주가를 보니 단기간에 수백%의 상승이 발생하였고, 소위 주가에 반응하는 모습을 저자는 보였다. 그때 1천만 원이라는 적지 않은 돈을 이 주식에 투자했다. 그 이후로도 지속된 하락기간에 추가적인 매수, 매수, 또 매수를 했다.

저자는 왜 그랬을까? 무지해서였다. 주식시장에는 "싸졌을 때 사라(Buy the Dip)."는 유명한 말이 있다. 이와 더불어 "떨어지는 칼날을 잡지 마라."는 말도 있다. 저자 본인은 계좌에 찍힌 손실복구에 대한 희망 하나만으로 계속 추가적인 NX 주식의 매수를 진행했다. 이를 가리켜 속된 말로

'무지성 물타기'라고 한다.

　NX 주식을 발행한 기업이 정말 우량하고 건실한 사업구조를 가지고 있었지만 일시적인 경제상황과 금융환경 등의 이유로 주가가 하락한 상황이라면, 저가의 주식으로 매수를 하는 것은 분명 머지않은 시기에 주가의 회복으로 보상을 받는다. 이것이 100% 이루어지는 공식은 아니지만, 대부분의 경우가 그러하다. 다만, 기업의 주가가 거품이 많이 끼어 있다가 급속도로 하락하는 것이었다면, 그리고 기업의 사업구조 및 경영환경에 매우 심각한 문제가 발생한 상황이었다면, 이 경우에는 막대한 손실을 입은 상황일지라도 남은 돈을 회수해야만 한다. 그게 내 모든 재산을 잃지 않는 방법이다.

　저자는 후자의 경우, 즉 주가에 거품이 잔뜩 끼었다 가라앉는 상황임과 동시에 사업구조의 문제, 과도한 부채로 인한 경영환경의 문제가 있었음에도 기업에 대한 무지로 적절한 대응을 하지 못했다. '그래도 때가 되면 오를 거야. 현재 손실이 −50%이니까, −80%이니까, −90%이니까 지금 최대한 매수평균단가를 낮추면 주가 반등 시 최소한 원금 이상은 찾을 수 있을 거야.'라며 속으로 매일같이 자기암시성 주문을 외었다. 그러면서도 기업이 구체적으로 어떠한 상황에 있는지를 전혀 파악하지 못했고, 파악할 능력도 없었다. 결국, 2년 반 정도의 시간이 지나 그 기업은 파산 절차에 들어갔고, 미국 나스닥 시장에서 상장폐지로 퇴출되었다. 저자는 수천만 원이란 적지 않은 돈을 잃고 말았다. 언젠가 주가는 오를 것이라는 맹목적인 그릇된 믿음만이 있었고, 본전의식으로 집착 또 집착했던 결과다.

정상적인 사고능력과 판단력을 가지고 있는 사람이라면 이러한 일을 겪은 이후에는 투자를 좀 기피하게 된다. 혹은 올바른 투자법을 배워서 매우 신중하게 다시 투자에 나선다. 그러나 저자처럼 무지성 투자로 손실을 입으면, 소위 눈이 돌아가는 상황으로 진입한다. 나의 본전은 반드시 되찾아야만 한다는 생각이 머릿속에 가득 차면서 비이성적인 판단과 행동을 하게 된다. 결국, 로또나 도박처럼 한방에 큰돈을 딸 수 있다고 생각하는 위험한 투자를 한다. 저자는 그런 잘못된 투자를 여러 차례 반복하면서 수년 치 연봉 수준의 재산을 추가로 잃게 되었다. 첫 단추를 잘못 끼운 결과였다.

"거북이는 느리지 않다."

자기계발, 주식 투자, 성공적인 인생 살기 등을 다루는 각종 강의들에서 종종 언급되는 말이다. 이 말을 누가, 언제 처음 했는지 모르겠지만, 투자와 삶을 살아가는데 유의미하다. "급하면 바늘허리에 실 매어 쓸까."와 유사하게 와닿는다. 바늘구멍에 실을 꿰는 것이 시간이 걸리고 어렵다 하여 그냥 바늘 중간에 실을 두르고 바느질을 한다면 정상적인 바느질이 이루어지지 않는다. 즉, 아무리 급해도 일에는 일정한 순서와 절차가 있다는 의미이다.

성공한 사람들은 느리기만 한 거북이를 왜 느리지 않다고 하는 것일까?

거북이는 자신의 적정한 속도가 있고, 그 속도로 가야 문제없이 목적지에 도달한다. 육지에서 거북이가 토끼처럼 빨리 뛰어가고 싶다 해도 그러할 수 없기도 하거니와, 만일 일시적으로 그렇게 할 수 있다 하더라도 자신의 신체능력을 크게 벗어나는 일이다. 결국, 거북이는 목적지에 도달하기 전에 신체적 문제가 발생할 것이다. 마라톤 선수와 단거리 달리기 선수가 100m 달리기를 한다고 가정하면 이해가 쉽다. 여기서 마라톤 선수는 거북이, 단거리 달리기 선수는 토끼이다. 마라톤 선수는 단거리 달리기 선수처럼 100m를 빨리 달릴 수는 없다. 그럴 수 있다 하더라도 몸에 문제가 발생할 것이다. 다만, 마라톤 선수는 장거리 마라톤 경주에서 단거리 달리기 선수보다 빠르게 완주할 가능성이 매우 높다.

투자나 인생은 일반적으로 100m 달리기와 같기보다 장거리의 마라톤인 경우가 많다. 그렇기에 우리는 거북이처럼 가야할 필요가 있다.

"부를 이루는 데 있어 지름길은 없다."

간혹 지름길이 보이는 경우가 있다. 그 지름길은 아주 극소수를 위한 길이고, 나 역시 보았다고 하여 그들처럼 갈 수 있는 길은 아니다. 예를 들어, 내가 A동네에서 B동네로 가야 하는데 길 중간에 큰 산이 있다고 하자. 그런데 그 산은 너무 험준하고 곰 등의 맹수들도 서식하고 있다. 큰 화를 입지 않으면서 무사히 A동네에서 B동네로 가려면 3시간 정도 시간이 더 걸리지만 산을 둘러가는 길을 통해야 한다. 다만, 아주 일부의 사람, 즉 험준한 산악이 익숙하고 숙련되어 있으며 맹수들의 공격도 잘 피할 수 있는 사람이라면 그는 3시간을 단축해 A동네에서 B동네로 갈 수 있다. 그런데 이러한 사람이 얼마나 될 것인지, 그리고 내가 과연 그와 같은 사람인지는 반드시 생각해 봐야 한다.

부를 이루는 과정 역시 대부분이 그러하다. 일반적인 사람들은 안전하게 당도하는 부의 길을 따라야 소기의 또는 궁극의 목적을 무난하게 달성할 수 있다. 매우 숙련되고 전문화된 능력을 갖추어 지름길만을 찾아 부를 이루는 사람들의 뒤를 무작정 따르는 이들은 험준한 산악에서 길을 잃거나 낙상하거나 혹은 맹수의 공격을 받게 된다.

그리하여 단언컨대 "부를 이루는 데 있어 지름길은 없다."

투자계의 거장인 안드레 코스톨라니는 그가 생전 집필한 책 『돈, 뜨겁게 사랑하고 차갑게 다루어라』의 제목에서처럼 어떻게 투자에 임해야 하는지 말해준다. 나의 방식으로 재해석해 전달한다면, 돈(부)에 대한 뜨거운 열망을 가지고, 이를 실현하기 위해 매우 이성적으로 냉정하게 판단하여 투자하라는 것이다. 하지만 많은 이들은 단기간에 부를 이루려 하거나, 비교적 긴 투자시계열을 가지더라도 자신의 투자원금을 고려하지 않은 듯한 매우 큰 부를 이루기 원한다. 그래서 '차갑게 다루어라.', 즉 '매우 이성적으로 냉정하게 판단하여 투자하라.'는 전제를 망각한다. 이미 투자 실패를 겪은 사람이라면 더욱 그렇다. 저자 역시 그러했다.

"주식이 아닌 기업의 비전을 지지하고 그 본질가치를 사랑하라."

종이 또는 디지털 형태의 증서 그 자체로서 주식을 사랑(애착, 집착)하는 것은 투자에 있어 매우 위험함을 계속 언급했다. 그렇다면 투자자는 무엇에 대해서 사랑, 아니 그보다 더욱 기저 의미인 신뢰를 해야 할까? 저자 본인이 다년간 경험한 바로는, 그리고 투자에서 나름 성공한 이들의 이야기를 귀담아들은 바로는 기업의 '비전'과 '본질가치'이다.

기업의 비전은 달리 말하면 기업이 그리는 청사진이다. 이는 기업이 자신의 비즈니스를 통해 이루고자 하는 이상향이고, 투자자인 주주들과 채권자들에게 제시하는 미래의 모습이다. 그래서 기업의 비전은 기업의 중·장기적 사업계획(혹은 사업목표)에 고스란히 녹아들어 모든 이해관계자들에게 보여줄 수 있어야 한다. 특히, 기업과 공동운명체이자 자신의 자본을 투하한 주주들에게는 더욱이 그래야 한다.

기업의 본질가치는 목적한 비전을 실천하는 과정에서 혹은 실천한 상황에서 갖추어진 기업의 본모습이다. 기업이 자신의 목적을 궁극적으로 달성한 경우에는 부동산, 유동화 자산, 지식재산 등 여러 보유한 자산들의 가치와 수익성(매출액, 순이익, 시장 규모 및 성숙정도 등) 그리고 여러 파악 가능한 사업적 요인들을 고려해 그 본질가치의 계산이 가능하다. 하지만 그렇지 않고 목표한 바를 달성해 가는 과정에 있는 기업(성장기의 기업)은 온전히 갖추어진 유형의 자산과 수익성(특히, 적자 상태의 경우) 등을 의미 있게 고려할 수 없어 투자자 주관적 판단에 의해 기업의 본질가치가 매우 크게 달라질 수밖에 없다. 대표적인 사례가 2021~2024년 기간 동안의 테슬라이다.

테슬라는 큰 주가의 변동성을 이 기간 동안 보여준다. 그 이유는 테슬라의 비전과 본질가치를 시장참여자(투자자)들이 각기 다르게 보았기 때문이다. 테슬라는 'Accelerating the World's Transition to Sustainable Energy'라는 사명을 다하기 위해 전기자동차의 대량 생산과 전 세계 보급, 태양광에너지 발전, 대규모 에너지저장시스템 구축 등을 주요 사업으로 하고 있다. 해당 기간 테슬라의 수익 대부분은 전기자동차 사업에서 발생했기에, 시장참여자 상당수는 테슬라를 고마진의 전기자동차 제조업체로 판단하고 투자했다. 그러나 미국의 금융환경이 고금리 긴축으로 전환되고, 서민경제의 어려움이 전 세계적으로 발생하자 고가의 임의소비재중 하나인 자동차 산업도 직격타를 맞게 된다. 이를 빌미로 적지 않은 투자자가 테슬라 투자를 거두기 시작했고, 일각에서는 공매도를 시행하기에 이른다.

사명에서 확인 가능하듯이 테슬라의 전기자동차 대량 생산과 판매는 지속가능한 에너지로의 전환을 가속화하기 위한 수단이다. 테슬라는 태양광에너지 및 대규모 저장시스템(ESS) 사업을 성장시켜가고 있으며, 세계 1위 규모의 사업체다. 또한, 인간 노동의 해방을 위해 인공지능과 휴머노이드분야, 자율주행 사업에서도 그 어떤 사업체보다 진심이며, 선도적인 기술력을 확보하고 있다. 그래서 이 모든 것들을 직접 실시간 모니터링하며 기업의 본질가치에 반영하는 투자자는 테슬라의 주가가 하락하면 하락할수록 지분을 늘려간다. 반면, 테슬라를 전기자동차 제조업체로만 보는 투자자는 기업가치가 너무 고평가되었다고 주장하면서 매도 혹은 공매도한다.

그렇다면 테슬라를 에너지 기업이자 인공지능 기업, 휴머노이드 기업이자 전기자동차도 제조하는 기업으로 보는 투자자는 구체적인 무엇을 확인하고 장기적으로 높은 가치평가를 하는 것일까? 분명 이들은 자신들 마음대로 기업의 본질가치를 평가하는 것은 아닐 것이다.

저자 본인을 포함해 테슬라 장기투자자들을 보면, 우선 테슬라의 CEO인 일론 머스크와 이사회가 제시하고 있는 기업의 미래 청사진 그리고 사업로드맵을 확인한다. 그리고 각 사업부마다 진척되고 있는 기술개발 현황과 목표시장으로의 진출정도, 시장지배력, 제품·서비스의 경쟁력 등을 매년, 매 분기, 매월, 매주 추적하면서 확인한다. 게다가 적자 상태의 사업부는 현재 흑자로의 전환을 위해 어떠한 노력을 하고 있는지, 흑자 상황인 사업부는 잉여현금흐름 발생과 효율적인 투자 집행을 어떻게 진행하는지 등도 집요하게 모니터링한다.

결국, 이러한 과정 속에서 기업이 약속한 것들을 지키며 성장해 가고 있음을 확인한 투자자는 신뢰를 가지게 되고 아직 재무적으로 반영되지 않은 기술력과 잠재적 시장경쟁력 등을 기업가치에 적정하게 반영한다. 단기적인 주가의 변동성은 기업가치의 근본적 변화라 생각하지 않고 꾸준히 기업에 지지를 보내며 투자를 이어간다. 바로 이러한 테슬라 투자의 사례가 비전을 제시하는 성장기업에 대한 올바른 본질가치 평가이다.

"가치투자를 하라."

잃지 않는 투자를 하기 위해서는 안전마진을 확보하는 가치투자를 해야 한다고 많은 이들이 말한다. 안전마진 관련 실제 투자를 시행하는 데 대한 개념 차이가 발생할 수 있겠으나, 저자가 이해하고 있는 '안전마진의 확보'란 기업의 내재가치(본질가치)보다 낮은 가격에 주식을 매입하여 이익을 확보하는 투자 행위이다. 이는 가치투자라 불리기도 한다.

가치투자의 대상이 되는 주식은 가치주(Value Stock), 그렇지 않고 다소 높은 가격의 기업가치 성장이 이루어지는 주식은 성장주(Growth

Stock)라 한다. 그리고 이 둘은 증권시장에서 엄연하게 다른 카테고리로 구분된다. S&P500은 미국의 3대 시장지수 중 하나로, 그 외 시장지수인 Nasdaq과 Dow Jones에 비해 미국 증권시장을 대표하는 지수로 취급된다. S&P社에서 미국의 대표 대기업 500개를 선정하여 시장지수로 만든 것이 바로 S&P500인데, 여기에 구성된 종목들 역시 가치주와 성장주로 구분할 수 있다. SPYV(SPDR Portfolio S&P500 Value) ETF와 SPYG(SPDR Portfolio S&P500 Growth) ETF는 실제 S&P500에 속한 기업들을 가치주와 성장주로 구분한 지수를 금융상품인 ETF로 만든 것들이다.

하지만 이쯤에서 다음과 같은 재밌는 생각이 떠오를 수밖에 없다. 주식의 '주'자도 모르는 무지성 투자자가 아닌 이상, 어느 누가 가치투자를 안한단 말이지?

그렇다. 가치투자를 어느 누가 안하겠는가? 가치투자를 단어 그대로 직관적으로 해석하면, 바로 가치가 있는 자산에 대한 투자이지 않겠는가? 그렇다면 어느 누가 가치가 없는 무의미한 자산, 특히 주식에 투자를 한단 말인가! 즉, 성장주에 투자하는 이들도 자신들의 판단에 의해 그것이 가치를 가지고 있다며 투자하는 것이고, 가치주는 더욱이 그러할 것이다. 가치가 있는 자산, 특히 주식은 투자자인 나에게 어느 시점에 어떠한 방식으로 안전마진을 확보 가능토록 하는지에 따라 가치주와 성장주로 구분된다.

가치주와 성장주 모두 가치를 가지는 주식이다. 다만, 이들이 투자자인 나에게 안전마진을 주는 시기와 방법이 다를 뿐이다.

가치주는 일반적으로 기업이 운영하는 사업이 성숙기에 접어들어 안정적인 현금창출을 하면서 증권시장에서 투자자들에게 고성장의 기업보다 상대적으로 낮은 프리미엄(Multiple, 이익배수)을 받는 주식을 통칭한다. 그래서 경기소비재나 은행업, 기타 금융업, 부동산 관련업 등의 산업분야에 속하는 기업 주식들이 상당수이다. 반면, 성장주는 시장이 현재 막 만들어지거나 초기 상태로, 통상 이 시장에 참여하여 급속도의 사업적 성장을 이루고 있는 기업의 주식들을 가리킨다. 21세기 이후로는 대부분의 성장주가 정보통신과 커뮤니케이션, 인터넷, 인공지능ㆍ로보틱스 등의 첨단기술 산업분야에 속한 것으로 파악된다.

가치주는 가치주로서 가치를 가지고, 성장주는 성장주로서 가치를 가진다. 가치가 없는 주식(자산)에 투자하는 이는 바보가 아닌 이상 없다. 물론, 가끔 가치가 없는 자산을 가치가 있다고 착각해 투자하는 경우가 있다. 이를 제외한다면 대부분의 투자자는 가치를 가지는 주식에 투자를 한다. 가치주와 성장주의 투자자 입장에서 가치의 차이는 아마도 투자 시점으로부터 단기간 또는 중ㆍ장기간의 시계열에 걸쳐 안전마진을 확보할 수 있는가이다.

매우 극단적으로 두 자산의 차이를 비유하자면, A란 기업이 현재 운영하는 사업 이외로 보유한 현금과 유형자산만 가치 산정을 해도 100억 원 이상이다. 그러나 어떠한 이유에서인지 A기업은 증권시장에서 70억 원의 기업가치로 그 주식이 거래되고 있는 중이다. 시장에서는 아무도 이 기업이 왜 이렇게 저평가된 가치를 받고 있는지에 대해서 모르는 듯하며, 관심도 없는 것처럼 보인다. 한편, B란 기업은 영위하는 사업을 통해 겨우 적자를 벗어난 상황이며, 보유한 현금과 유형자산은 30억 원 정도이다. 그러나 B기업은 증권시장에서 70억 원 이상의 기업가치로 그 주식이 거래되고 있다. A기업과 달리 B기업은 증권시장에서 투자자들의 관심을 크게 받고 있는 중이며, 의미 있는 수준의 영업이익은 앞으로도 2년 후에나 가능할 것이라고 예측되고, 매출의 성장은 최근 3년간 연평균 50~70%를 나타냈다. B기업의 매출 성장은 앞으로도 비슷한 속도로 성장이 예상된다고 그 이사회는 말하고 있다.

아마 이 책을 접하고 있는 많은 이들이 직관적으로 구분 가능할 것이다. A기업의 주식은 '가치주'로, B기업의 주식은 '성장주'라고 말이다. 저자 역시 그렇게 말하고자 하는 바이다. 찰리 멍거를 만나기 이전 벤자민 그레이엄의 투자방식을 철저히 따르고 있던 젊은 시절의 워렌 버핏은 전형적인 가치투자자였다. 그래서 젊던 그는 그의 스승 벤자민 그레이엄의 말을 따라 주워서 한 모금이라도 더 피우고 버릴 수 있는 버려진 담배꽁초 같은 기업을 찾아 투자하는 방식을 주로 행했다. 이를 전형적인 안전마진 확보의 가치투자라고 한다. 다만, 2023년 11월 99세의 나이로 세상을 떠난

동업자이자 평생지기인 찰리 멍거를 만나면서부터 '성장하는 좋은 기업을 적당한 가격에 사는' 일종의 성장주 투자로 눈을 돌리게 된다.

투자판단을 위한 기업의 주식 가치를 산정하기 위해서는 여러 가치모델 또는 다양한 가치평가 지표들이 활용된다. 투자를 직접 해본 경험이 있는 투자자라면 아마 한 번쯤은 꼭 들어봤을 PER, PBR, PSR, PEG, EPS, DPS 등은 기업의 가치를 가늠하는 대표적인 지표들이다.

PER은 증권시장에서 참여자들이 기업가치를 판단함에 있어 매우 중요하게 보는 지표이다. Price/Earning(EPS) Ratio의 줄임말로, 기업가치(시가총액)를 산정하기 위해 시장에서 얼마만큼의 프리미엄을 부여하고 있는지를 판단하는 지표이다. 이것은 금리와 매우 밀접한 관계를 가지며, 일반적으로 금리와 역수관계를 나타낸다. 예를 들어보자. S&P500 평균 PER은 20배(평균 배당률: ~3%), 시장의 금리는 5%인 경우, S&P500의 평균 PER은 현재 고평가인가? 1/20의 백분율 환산은 5%이다. 시장의 금리는 5%이고, 주식의 평균 배당률이 ~3% 정도인 점을 감안한다면, 저렴하지는 않지만 그렇다고 고평가된 상황 역시 아님을 가늠해 볼 수 있다.

PBR은 Price/Book Ratio의 줄임말로, 장부상 자산가치 대비 기업가치가 얼마인지를 가늠하는 지표이며, 감가상각이 적거나 자산가치의 상향 재평가를 받을 수 있는 부동산 혹은 현금성 자산 등의 유형자산을 많이 보유한 저평가 주식을 선별하는데 적용된다. 일반적으로 PBR 1 미만인 기업의 주식은 저평가되어 있다고 판단하나, 무형자산이 대부분인 소프트웨어·플랫폼 기반의 사업을 하거나 영업권이 많은 기업 주식은 현재 주가 기준 PBR 1 미만이라 할지라도 그 자산들의 회계적인 상각처리로 인해 PBR이 급격히 상향될 가능성이 다분함에 따라 착시일 가능성이 높다.

PSR은 Price/Sales Ratio의 줄임말로, 현재 기업가치를 매출로 나누어 시장에서 얼마만큼의 프리미엄을 받는지 판단하는 지표이다. 이 지표는 현재 기업이 운영하는 사업에서 의미 있는 순이익을 창출하지 못하거나 적자인 상태임에 따라 PER 계산이 안 되는 경우 활용하며, 이러한 이유로 대부분 성장초기의 기업들에게 적용되는 기업가치 평가방법이다. 다만, PSR은 매출액을 이용하여 기업가치가 고평가 혹은 저평가인지 판단하기에, 매우 높은 수준의 성장을 이루어내고 있는 초기 기업에만 한정적으로 적용해야 한다. 이외로 반독점 규제 등의 이유로 많은 사업성장 투자를 집행하여 낮은 순이익을 발생시키는 미국의 아마존닷컴(Amazon.com)의 경우 초기 기업이 아님에도 제대로 된 PER 계산이 어렵기에 PSR을 통해 고평가 또는 저평가 상태를 가늠한다.

PEG는 월가의 전설 중 한사람으로 평가받는 피터 린치(경이로운 수익률 달성으로 유명한 마젤란펀드의 매니저, 대표 역임)에 의해 개발된 지표로, PER로 가치판단의 한계가 있는 기업에 성장률을 반영하여 고평가 혹은 저평가를 판단하는데 사용된다. PEG는 PER/EPS성장률(Growth)의 값으로 계산하며, 현재 높은 PER를 가진다 하더라도 EPS성장률 역시 매우 높은 기업이라면 PEG는 당연히 낮게 평가되기에, 고성장 주식의 기업가치 판단에 적합하다. 다만, 이 지표는 PER과 EPS성장률이 음수가 아닌 양수여야 계산할 수 있기에, 적자기업이나 유망기술의 개발단계에 있는 기업에게는 적용이 어렵다.

EPS와 DPS는 앞서 다룬 지표들과 달리 기업의 현재 상태를 나타내며, 기업의 기초체력 그 자체와 주주들에 대한 환원을 판단하는 척도로 사용된다. EPS는 Earning Per Share의 줄임말로, 단주 기준 기업이 얼마만큼의 순이익을 벌어들였는지를 보여주고, DPS는 Dividend Per Share의 줄임말로, 단주 기준 기업이 얼마의 배당금을 지불하는지 나타낸다.

기업의 본질가치가 현재 시장에서 거래되는 주가 대비 저평가인지, 고평가인지 혹은 적정한지를 판단하기 위한 많은 지표들이 있다. 어떤 지표가 가장 적합하다 말할 수는 없다. 기업의 본질가치를 파악하는 일은 매우 중요하다. 이 행위는 특정 주식을 저렴하게 매입했는지 아니면 비싸게 가격을 지불하고 매입했는지, 그냥 적정한 가격에 매입했는지를 평가하게 할뿐만 아니라 투자자 본인이 현재 어떠한 투자를 하고 있는지 역시 판단하게 하는 지표이기 때문이다.

다만, 기업의 본질가치를 평가하는 일은 매우 어렵다. 기업은 항상 예측 가능한 매출과 순이익을 달성하지 않으며, 또한 거시적인 측면에서의 경제상황과 금융환경 등도 시시각각 변화하기 때문이다. 누군가에게서 언젠가 저자가 듣게 된 이 말은 주식 투자를 하는데 필요한 투자자의 마음가짐과 태도 등을 잘 담고 있다.

"단기적인 주가의 예측은 누구도 할 수 없다. 그것은 신의 영역이다. 그러나 우리는 기업이 몇 년에 걸쳐 중·장기적 관점에서 어떤 모습이 될 수 있는지는 그려볼 수 있다. 그러면 정확하지 않더라도 기업의 중·장기적인 본질가치는 어느 정도의 범주 내에서 예측 가능하다. 투자자는 매일 변동하는 주가를 보는 것이 아닌, 중·장기적인 기업의 계획된 모습으로 성장해가고 있는지를 적정한 시점마다 점검하는 것이 중요하다."

저자는 감히 단언컨대 이 말을 투자자가 머리에 되뇌며 모든 투자에 적용·실천한다면, 주식과 사랑에 빠지는 일도, 탐욕적이면서 성급한 투기성 투자도, 자신이 어떠한 성향의 투자를 하는지 모르는 일도 피하게 될 것이다. '주식은 미래를 긍정적으로 바라보는 사람들이 투자하고, 채권은 미래를 부정적이고 어둡게 전망하는 사람들이 투자한다.' 자산시장에서 널리 언급되는 이 말처럼 올바른 태도로 주식 투자에 임하는 투자자는 분명 낙관적인 미래, 희망찬 미래 청사진을 그리는 건전한 투자자로서 성장하며, 자신의 삶을 긍정적으로 바라보는 주체적 인간이 되지는 않을까라는 합리적인 기대도 해본다.

2.

투자가 필요해!

투자를 수년간 진행하며 나는 기존의 생각과 믿음이 바뀌었다. '금융소득은 절대 불로소득이 아니다.'라는 생각과 믿음은 나에게 있어 가장 큰 변화이다. 금융소득은 금융소득이다. 즉 자본을 사용한, 금융이라는 것을 통해 목표한 소득을 달성하는 행위가 바로 금융소득이다. 현재는 고인이 된 국내 재벌그룹 창업주들의 그 유명한 "해봤어?"라는 말처럼 금융소득이라는 것을 직접 해보지 않은 이상, 이를 절대 불로소득이라 폄하할 수는 없다. 주식이나 채권, 부동산, 가상자산 등에 대한 투자를 통한 수익실현이 얼마나 어려운 것인지를 경험해 보지 않았다면 말이다. 금융소득을 위해 필요한 모든 행위적 노력을 이해해 보고자 하는 일말의 시도조차 없이 "금융소득은 불로소득이다."라고 주장하는 이들은 자신의 정치·사회적 헤게모니를 축적하려는 불순한 의도의 집단이다. 투자를 계속해야 하는 이유는 투자를 하면 할수록 더해진다. 지금부터 저자는 경험을 빌려 투자의 필요성, 중요성을 이야기해 보겠다.

차 과장, 내년에는 함께 할 수 없습니다

"차 과장, 내년에는 함께 할 수 없습니다."

이 말과 함께 2018년 3월 나는 W은행 기술금융센터를 함께 입사했던 동기 몇 명과 함께 실업자가 되었다. 약 반년 전부터 다음 해에는 고용재계약이 안 되리라는 것을 어느 정도 예상하고 있었지만, 막상 부서장에게서 재계약 불가 통지를 받으니 심적인 충격이 없지 않았다. 이는 저자 본인이 초래한 일이기도 했지만, 부당한 해고이기도 했다. 그렇지만 연간 단위 성과기반으로 고용과 연봉을 재계약하는 계약직에게 있어 1년이란 계약기간 만료에 의한 퇴사통지는 그 사유가 부당할 뿐이지 불법은 아니었다.

W은행에서 일을 하게 된 계기는 내 인생이 그러하듯이 실패에 실패를 거듭한 끝에 차선으로 선택한 일자리였다. 박사학위 취득 전에 지도교수와의 갈등이 발생해 박사학위 포기를 생각했던 당시, 실제 소속된 연구실

을 나오기까지 했던 저자는 소백산의 한 사찰 암자에 들어가 짧지 않은 시간 칩거를 하며 마음을 추슬렀다. 이후 경제적인 문제를 해결해야 했기에 N신용평가사에 임시로 일을 하게 되었다. 그곳에서 일하던 중, 구사일생이라 해야 할까? 지도교수로부터 연락을 받게 되었고, 몇몇 조건을 전제로 박사학위를 취득할 수 있었다. 미국의 박사후연구원이란 목표를 위해 여러 방면의 길을 찾아보았지만 뜻한 바를 이루지 못했다. 몇몇의 국내 대학교와 국책연구기관에 연구직 일자리도 찾아보았지만 이 또한 잘 되지 않았다. 최종적으로 N신용평가사와 동일 직무인 W은행의 전문계약직 신분의 일자리를 가지게 되었다.

저자는 당시 경제적으로 절박한 상황에 심적 여유가 없었다. 그러했던 탓에 2015년 입행 대상자로 통지받고 W은행에서 내게 제시한 연봉과 복지혜택 등의 근로조건에 다소 의문스러운 점이 있었음에도, 저자는 별다른 이의제기 없이 그해 12월 입행했다. 연봉은 매우 불만족스러운 부분이었다. 계약직인 과장 직급이었지만, 정규직인 과장급 직원 연봉과 큰 차이가 없다고 W은행 인사담당자는 나를 설득했다. 그 설득은 신뢰가 가지 않았다. 따져봐야 바뀔 것이 없음을 알았고, 경제적 어려움도 느끼고 있었던 터라 당시의 저자에게는 별다른 선택지가 없었다. 그래서 울며 겨자 먹기로 그 조건들을 받고 입행할 수밖에 없었다.

다만, 재미있는 부분이 있다. 2015년은 박근혜 대통령 집권기였다. 당시 정부는 계약직 노동자의 처우 개선정책으로 정규직 노동자 급여와 80% 이상 차이가 발생하지 않도록 공공기관과 민간기업 등에 압력을 가했다. 영세ㆍ중소기업들에게는 별다른 영향이 없는 듯 보였지만, 공사ㆍ공공기관과 정부의 영향을 받는 금융기관, 대기업 등은 이 정책에 꽤나 민감하게 반응했다. 그럼에도 불구하고 꼼수는 있었다. 추진 정책에는 실행 측면에서 디테일이 결여되어 있었기 때문이다.

저자가 직접 경험한 사례를 예시로 들면, 정규직 노동자와만 차이가 발생하지 않으면 되었기에 계약직 과장의 연봉을 정규직 과장의 연봉 일부인 기본급에만 맞추거나 정규직 대리의 연봉에 맞추기식이었다. 이에 더하여, 정규직 노동자의 연봉은 80% 이상을 기본급 등의 통상임금으로 구성한데 반해, 계약직 노동자의 연봉은 60% 수준을 통상임금으로 구성하고 나머지는 각종 비정기적 수당과 지정거래처에서만 사용 가능한 비현금성 포인트인 복지자금 등으로 채웠다. 이와 같은 연봉 구조를 구성하는 이유는 추후 기업의 내부정책에 따라 계약직 노동자의 임금을 유연성 있게 조정하려는 목적 그리고 퇴직금을 낮게 산출하려는 의도가 있었기 때문이다.

큰 개념의 포괄연봉체계, 이것이 저자가 W은행 인사부와 채용부서에서 듣게 된 개념이다. 모든 국내 금융회사는 이 체계로 연봉을 구성한다고 그들은 주장했다. 곧 알게 된 사실이지만, 이는 거짓말이었다.

근무조건 등에 대한 동의를 한 후, 몇 가지 추가 절차를 거치고서 2015

년 12월 W은행 기술금융센터에 입행했다. 그곳 업무는 이미 1년 가까이 경험했던 분야였기에 어려움 없이 수행할 수 있었다. 그리고 소속 부서에서 금융당국의 업 허가받기를 위한 초기 시스템 구축에도 일정 역할을 담당했다. 이런 이유에서 저자는 초기 1년 동안 부서장으로부터 우호적인 인사평가를 받았다. 그러나 애초 입행 당시부터 불만족스러웠던 연봉 등의 근무조건은 저자의 W은행 재직에 부정적인 결과를 가지게 했다.

아래 근무조건에 동의하시면 최종 채용여부가 확정 될 예정 입니다.
(동의여부는 메일로 회신해 주시면 됩니다.)

연봉은 크게 기본급, 성과급, 시간외 근무수당, 연차보상비 등으로 나뉘며,

기타 격려금 및 통신비, 복지카드 등이 제공 됩니다.

구체적인 금액은 아래와 같습니다.

구분	기본급	성과급 (기본재원)	시간외수당 (月 25시간 근무)	통신비	복지카드 (매년 금액변경)	연차휴가보상비 (15일 미사용시)	근로자의날 격려금
금액							

※ 성과급은 본인의 성과평가(인사고과)에 따라 연동 됩니다.
(S등급 : 기본재원 130% / A등급 : 기본재원 110% / B+등급 : 기본재원 90% / B등급 : 기본재원 70% / C등급 : 미지급)

【W은행 인사부 실무자의 근무조건 제시 이메일(2015년 10월 31일)】

2017년 여름으로 기억한다. 사측과 노조의 여러 노사합의 개선안 협의가 이루어지면서 W은행 모든 구성원들의 근로조건 등에 많은 변화가 일어났다. 야근에 대한 제약 등 W은행 근로정책이 새롭게 개정되면서, 야근

수당과 가변성을 가질 것이라 예상된 기타 수당들 역시 줄어들거나 없어질 상황에 놓였다. 정규직 노동자의 경우 새로운 근로정책의 대안을 노조와 인사부에서 마련하고 있었으나, 계약직 노동자의 경우는 제외되었다. 사측은 계약직 노동자에게 정규직과 동일한 처우를 해주는데 무엇이 문제가 되느냐는 태도로 일관했다. 계약직 노동자는 바로 그 동일하다 주장하는 사측의 처우로 문제가 발생하니, 임금체계를 정규직과 동일하게 개선하거나 예외규정을 만들어 보호하라 건의했다. 엎친 데 덮친 격으로 전문계약직인 우리의 연간 목표 업무량은 임금의 실질적 하락 우려에도 ○○% 상향되었다.

당시 저자와 몇몇 동료들은 부서 내 전문계약직 직원의 목소리를 대표하여 작금의 부당한 상황을 호소하였다. 직속상관인 팀장과 센터장의 면담을 거쳐, 인사부 전문계약직 담당자 면담까지 진행했다. 긴 시간이었고 힘든 과정이었다. 우리에게 전달된 사측, 즉 인사부의 입장은 결과적으로 이러했다. "사내변호사의 자문을 구한 결과 은행의 불법적인 행위는 전혀 없었다. 그리고 은행 입장에서는 전문계약직 직원의 비용 문제를 고려하지 않을 수 없다. 특별 상황이 아니면 비용을 줄여야 한다는 것이 은행 측의 입장이다. 이것에 동의하지 않고 문제를 제기한다면, 다음 년도 재계약을 하고 안하고는 당신들 선택이다. 더는 할 말도 해줄 것도 없다."

그 이후로 재계약 불가 통지를 받기까지 저자는 어려운 시간을 W은행에서 겪어야만 했다. 부서장의 사사건건 태도지적 등은 저자와 함께 행동했던 동료들에게 가해진 일종의 보복이었다. 인접 팀장으로 재직 중이었고 저자와 친분이 있던 정규직 관리자와 저녁식사 겸 술자리를 가진 날이었다. 저자는 스트레스로 과음을 했고 잠시 잠에 들었다. 인접 팀장은 내가 깊게 잠에 든 것으로 생각하고서 함께 자리에 있던 타 직원에게 말했다. "저기 차 과장 말이야. 억울해도 좀 참지. 일은 참 잘하는데, 연봉 좀 깎인다고 부서장과 인사부에 면담 요청해서 찍혔잖아. 부서장이 특히 안좋게 봐. 일은 재만큼 잘하는 직원이 없는데 말이야."

저자 그리고 함께 부당함을 주장했던 동료 3인은 연간업무성과목표 100% 달성을 했음에도 부서장의 재계약 불가 의견으로 2018년 3월 W은행을 떠나야 했다. 마지막 지푸라기라도 잡는 심정으로, 노조위원장과 상임감사에게 직원고충 도움을 요청했지만 결과는 바뀌지 않았다. 그들 역시 인사부와 마찬가지로 정규직 노동자와 사측을 대변하는 이들이었기 때문이다. 저자는 그렇게 W은행을 떠나 실업자가 되었다.

정규직은 자산, 계약직은 비용

실업자가 된 후로 약 1년 동안 저자는 수십여 곳의 대학교와 공공기관, 민간기업에 지원서·이력서를 제출했다. 그중 $\frac{1}{3}$ 정도는 서류전형 통과 후 필기·면접고사에 응할 수 있었다. 다만, 최종심사에서는 모두 고배를 마셔야 했다. W은행의 나쁜 경험으로 약 1년의 실업/재취업 준비기간 동안 정규직 채용만 지원했었다. 그때 느꼈다. 국내 정규직 일자리는 참 적구나! 채용정보 사이트에 10개의 구인공고가 나면 1~2개 정도만이 정규직 공채 혹은 경력직 특채였다. 나머지는 단기 임시직 혹은 비정규직 구인공고였다. 1년 동안 직장을 구하지 못했음에도 버틸 수 있었던 것은 실업급여와 지역노동청의 재취업 지원 프로그램 덕분이다. 특히, 실업급여의 도움이 컸다. 실업급여가 없었더라면 저자는 재정적으로 그리고 정신적으로 버티기 어려웠을 것이다.

실업급여는 그해 9월까지 수령했다. 마음이 조급해졌고, 한해를 이렇게 넘기는 것은 아닌가 하며 불안감을 느꼈다. 내년에도 별반 다르지 않은 상황이면 어떻게 해야 하는지에 대한 걱정으로 매일을 보냈다. 삶이 공포였다. 나는 다시 계약직 채용으로까지 눈을 돌리게 되었다. 계좌 잔고가 바닥나기 시작했고, 건강보험료와 몇몇 세금 납부가 저자를 압박했기 때문이다. 계약직 채용 등에도 닥치는 대로 지원서를 보냈다. 이내 K지방 소재 A은행에서 서류가 통과되었으니 면접고사에 응시할 의향이 있느냐 연락을 해왔다. 마침 K지방과 인근 지역에 몇 곳의 회사에서 면접고사 일정이 계획되어, A은행의 면접고사에도 응시하겠다고 답했다. 불행인지 행운인지, 결국 A은행에만 최종 합격했다. 2018년 12월 저자는 다시 전문계약직 노동자 생활을 시작했다.

A은행 생활의 시작은 좋았다. W은행과 달리 연봉체계 등의 처우에서 편법이 없었다. 계약직이란 신분보다는 박사급 전문직원으로 대우하는 분위기가 특히 좋았다. 직속상관 팀장인 김민순(가명) 부장은 K지방에 연고 없던 저자가 잘 적응하도록 챙겨주었다. 그리고 저자를 포함한 모든 팀원이 계약직 노동자일지라도 별다른 문제가 없는 한 장기근속 가능한 환경을 만들어주겠다 말했다. 설령 말뿐일지라도 참 고마웠다. 어느 날은 은행장과 부서원 전원이 면담을 가졌다. 이때 기업금융 리스크 관리 측면에서 이공계 박사급 전문직원들의 긍정적인 역할이 있다며, 성과에 따라 정규직원으로의 신분 전환 건의를 김민순 부장이 했다. 전 직장인 W은행과 여러모로 비교가 되었다. 그 중심에는 김민순 부장의 호의가 있었다. 저자는 정 붙이고 재직하기 시작했다. 다만, 호시절은 그리 오래가지 못했다.

정규직 노동자의 고용은 제도적인 보호를 받지만, 계약직의 경우에는 인사권을 가진 관리자 개인의 판단에 따라 좌우된다. 2021년 1월 고상득(가명) 부장의 신규 부임으로 저자는 이를 직접 겪는다. 김민순 부장 재임 중에는 업무부담이 있더라도 감사함을 생각하며, '의리 있는 행동과 성실한 업무태도로 보답하자.'라는 마음가짐을 가지고 재직했다. 그러나 고상득 부장은 잠시 잊고 지냈던 나의 신분 '계약직 노동자'를 다시 상기시켰다.

"여러 분은 매년 부여된 업무를 어떻게든 달성해야 합니다. 은행 입장에서는 우리 팀을 꼭 유지해야 하는지에 대한 의문을 가지고 있습니다. 특히 부행장님 등 윗선에서는요. 업무가 다소 과중하더라도 부여된 업무는 꼭 달성해야 합니다. 윗선에서는 현재 업무량을 가지고도 비용 대비 효용성이 떨어진다고 생각할 여지가 있으니까요. 부서의 존립 당위성을 여러분들이 유지하시길 바랍니다. 만일 그렇지 못한 상황이 온다면 제가 먼저 부서를 없애자고 윗선에 건의할 것입니다. 다들 똑똑한 박사님들이니 잘 이해하고 행동하시리라 믿습니다."

이는 고상득 부장이 부임 후 직접 주관한 첫 팀 회의에서 했던 말이다. 다른 팀원들의 마음은 어떠했는지 모르겠으나, 저자는 당시 몹시 불쾌했다.

고상득 부장의 말투에는 묵시적인 협박이 내포되어 있었다. 분위기로 전달되는 일종의 비꼼도 섞여 있었다. 한참 시간이 지난 지금 그 당시의 상황을 생각하면, 고 부장의 발언은 연간 단위로 근로재계약을 진행하는 나와 팀원들에 대한 군기잡기였다. 박사학위 또는 기술사 면허증을 보유한 전문직원인 우리 계약직 노동자를 효과적으로 관리 · 통제하기 위한 선제적 조치였다.

군기잡기가 결과적으로 맞았다. 고상득 부장과는 2년 동안 근무했다. 초반 1년 그는 자신이 필요하다 판단할 때마다 팀원들을 향해 "밥값 제대로 안하는 사람이 생기면 부서 해체를 고려하겠다."라고 말했다. 인사평가 방식도 변경하였는데, 이는 정량적 업무달성수치 100%로 평가하는 동시에 동료들과의 과도하고 불필요한 비교경쟁을 유발하는 것이었다. 실제로 그렇게 진행되었다. 계약직 노동자들인 팀원 상호간에 경쟁하며 인간관계에도 균열이 가기 시작했다. 뿐만 아니라, 근로재계약에서 연봉협상의 불이익을 받는 이들도 생겼다. 계약직 연봉의 재원은 정규직과 달리 사측의 예산 제한이 있기 때문에, 일종의 제로섬(zero-sum) 특징을 가진다. 저자를 포함한 동료 10명은 동일한 직급·직책으로 동일한 업무를 수행하기에 지난 몇 년은 동일한 수준의 연봉 인상으로 근로재계약이 이루어졌었다. 다만, 고 부장 부임 이후로 이 상황은 변했다. 저자는 새로운 변화의 첫 피해자가 되었다.

2019년 12월 첫 재계약, 2020년 12월 두 번째 재계약, 당시의 저자는 부서 내의 계약직 동료들 및 정규직의 연간임금상승률과 비슷한 수준에서 연봉협상이 이루어졌다(약 ~3%). 입행한 이후로 매년 목표업무량은 약 20%씩 상향되었고, 동료들 간의 개인역량차이가 어느 정도 있었지만 평균적으로는 110%의 목표업무량 대비 성과를 달성했다. 즉, 계약직 노동자인 팀원들은 매년 ~3% 수준의 연봉 상향에 매년 성취업무량이 ~130%였다.

2021년부터 사측은 전문계약직 노동자의 효율적 운용·통제를 위해서 처우차등화정책을 시행했는데, 기존과 달리 근로재계약 체결 시 인상 외로 동결과 삭감도 진행했다. 물론, 이는 기존 인사규정에도 명시되어 있었으나, 실제 시행은 없었다. 그 이유는 앞에서도 언급했듯이 동일한 직책, 동일한 업무, 동일한 업무량이 전제되었기 때문이다. 연봉 인상 대상자는 연간업무목표량의 120% 초과 달성자로, 그들의 실제 업무량은 전년도 대비 144% 초과한 수준이었다. 왜 144%인가? 2021년도의 연간업무목표량은 2020년도 대비 120% 상향되었고, 연봉재계약 인상을 위한 인사평가는 2021년도 연간업무목표량의 120% 이상 달성이 필요하기 때문이다. 즉, 1.2×1.2배의 백분율로 환산된 값은 144%이다.

2021년도 연간업무목표량의 110% 수준을 달성한 저자와 몇몇 팀원은 근로재계약을 체결했으나 연봉은 동결되었다. "올해부터는 변경된 인사 기준으로 연간목표량의 120% 이상인 직원에 한해서만 연봉 인상이 약간이나마 가능합니다. 그래서 저희 은행에서 최선으로 해드릴 수 있는 조건은 동결된 연봉으로 재계약(계약기간 1년 연장)하는 것입니다." 이는 저자의 근로재계약 체결 당시 인사부 계약직 담당 직원의 말이다.

저자는 그 상황에 화가 났다. A은행은 당해 사상 최고의 영업이익을 올리게 되었다며 노조와 사측의 합의로 각종 인센티브 지급과 임금상승률도 역대 몇 번째로 높은 수준이라는 홍보를 전 직원 대상으로 했다. 물론 은행업권의 부정적인 국민 인식을 고려해 향상한 보상과 처우가 외부로 유출되지 않도록 노조와 사측은 각별한 유의를 당부했다. 그와 같은 상황에서 저자는 팀장과 인사부에 이의를 제기할 수밖에 없었다. 그러나 돌아온 답변은 "계약직 운용에 대한 인건비 부담이 은행 차원에서 있다. 이 부담이 지속되거나 커지면 임금의 삭감 조치 혹은 인원조정도 필요하다."였다. 또한, 정규직과 계약직은 제도가 다르니 혹여 비교하지 말라고도 했다. 오랜만에 기시감이 들었다. W은행에서의 불쾌했던 경험들이 마음 깊은 곳에서 솟았다. 다시 나 스스로에게 다짐했다.

"노동자의 적은 노동자이다."

"정규직은 자산이고 계약직은 비용이다. 남은 인생은 절대 비용 인간으로 살지 말자."

결과적으로 나는 계약직이라 다행입니다

"이야기 들었어? 길동이, 석진이 예전에 대기업인 G그룹 다닌다고 했잖아. 꽤나 연봉이 높다고 자부심도 있었고. 그런데 걔네들 지금 다 회사 나왔데. 40대가 넘어가니 새로운 직장 구하기가 어렵나봐."

중·고등학교 시절, 20~30대 때 인연을 맺었던 친구와 지인들이 마흔이라는 나이를 넘기면서 통/폐합 등의 기업 구조조정이나 희망퇴직으로 퇴직한 소식을 종종 접하게 되는 요즘이다. 이러한 소식은 그다지 듣고 싶지 않고, 저자의 측은지심을 불러일으키지도 않는다. 저자는 20대 중반부터 나름 운 좋게 30대 초반까지 직업군인 육군 장교로서 경제활동을 했고, 박사학위과정이라는 학업으로 공백이 좀 있었지만 40대인 현재까지 금융기업에서 경제활동을 지속하고 있다. 다만, 정규직 노동자였던 친구, 지인들과 달리 나의 경제활동은 언제 실직할지 모른다는 불안감이 항상 존재했다. 그렇기에 그들의 퇴직은 저자에게 별반의 감정을 불러일으키지 않았다.

저자는 단 한 번도 정규직이라는 안정적인 직장을 가져본 적이 없다. 지인들 중에는 육군 장교로서 장기근속을 했다면 안정적이지 않았느냐 반문하는 분도 있다. 하지만 이는 장교단의 인사제도에 대해 모르기 때문에 할 수 있는 말이다. 각 군의 직업군인을 구성하는 계층은 장교단과 부사관단이다. 준사관이라는 중간 계층이 있지만 이들은 상당수가 부사관단에서 선발된다. 그렇기에 큰 범주에서 부사관단의 일원으로 구분하여도 문제가 없다. 물론, 계급은 장교단의 일원으로 포함된다. 그러나 그들의 정서적 뿌리는 그렇지 않다.

부사관단은 어떻게든 상사까지 진급을 하면 원사로의 진급이 언젠가 이루어진다. 그렇기에 군인사법상 규정된 정년 근속이 가능하다. 하지만 장교단의 경우는 다르다. 장교단은 각 계급별로 진급기한을 정하고 그 기한 내에 진급하지 못하면 군복을 벗어야만 한다. 당사자는 다소 불합리하다 생각할 수 있지만, 이는 너무도 합리적이고 당연한 인사제도다. 장교단은 각급 부대의 지휘관으로 보임할 인력풀(pool)이다. 모든 지휘관은 유사시 부대의 병력과 국민 생명을 지켜야만 하는 이들이고, 지휘관의 무능함과 부패는 부대원과 국민의 생명을 잃게 할 가능성이 크다. 그래서 장교단은 지속적인 능력평가로 인사이동과 진급이 이루어지고, 매순간 군복을 계속 입을 자격이 되는지에 대한 검증이 진행된다. 민간사회로 비유하면, 장교단은 정규직 혹은 장기근속 노동자라 할지라도 매순간 업무평가를 받으며 해고와 재계약의 기로에 선다고 볼 수가 있다. 장교단은 그렇기에 항상 자신을 업무로써 성과로써 증명해야만 한다.

저자는 30대 초반까지 군 지휘관으로서 생활했고, 대학원에 진학해 박사학위를 취득했다. 이후 30대 중·후반의 무렵 민간회사의 일자리를 구했다. 원하던 일자리는 아니었다. 첫 직장은 차선이었으며, 계약직 노동자라는 신분의 일자리였다. 두 차례의 이직이 있었다. 그러나 회사만 바뀌었을 뿐, 수행하는 업무와 계약직이라는 신분은 아직 동일하다.

20대부터 40대인 지금까지 고용의 불안감을 항시 가지는 경제활동을 지속하니, 매년 일자리를 잃게 될지 모른다는 두려움을 느낌과 동시에 '실업 대비를 위해 무엇을 해야만 하는가?'란 질문을 저자는 스스로에게 수시로 한다. 그 답변은 언제나 쉼 없이 무엇인가를 해야 한다는 것이다. 그래서 '직무능력뿐만 아니라 나란 사람은 다른 분야에서도 뭔가를 할 수 있다는 역량을 보여주어야 한다.'라는 강박에 나를 매일 채찍질하며 지낼 수밖에 없었다. 저자는 실제 강박적인 노력으로 일상을 지내왔다.

지금까지 약 20년간 수면을 4시간 이상 가진 날은 20% 정도이다. 새벽에 일어나야 하는 상황에서는 출근까지 파편적으로 남는 시간마저 허투루 낭비한 적이 없었다. 퇴근 후 저녁이면 새벽 2시 정도까지는 항상 책이나 논문의 원고를 작성하고 내게 필요한 책을 읽었다. 때론 각종 자문과 외부 강의를 위한 자료준비를 하는데도 시간을 사용하느라 잠을 줄여야만 했다. 출간 도서의 목록과 학술지의 논문 게재편수, 각종 수상실적 등은 매년 저자의 이력서에 늘어갔지만, 그렇다고 인생의 변화가 드라마틱하게 생기지는 않았다.

참으로 답답하고, 심리적으로 힘들었다. 이렇게 열심히 살아오고 있는데 하늘은 애써 나를 외면하는 그런 느낌마저 들었다. 지인들이 4년제 대학교의 교수나 국책연구기관의 정규직 연구원 등으로 임용되었다는 소식을 듣게 되기라도 하는 날에는, 그들에게 건네는 축하한다는 빈말과 달리 내 마음은 무너져 내렸다. 나는 선한 사람이고 싶지만, 정작 상황이 녹록치 않으니 이것이 솔직한 내 마음이었다. 도대체 얼마나 더 해야 하는 것일까? 이 생각 외에는 무엇도 당분간은 생각할 수 없었고, 그러다 시간이 지나면 텅 빈 마음이 느껴져 눈물이 흐르기 일쑤였다.

계속 해왔다. 희망을 버리지도 않았다. 저자의 상황이 변하는 것은 없었어도 그래야만 했다. 그러하지 않으면 너무도 크게 내 자신이 무너질 것이라는 것을 누구보다 잘 알고 있었기 때문이다. 그럼에도 불구하고, 저자에게는 하늘이란 존재는 없는 하루의 연속이었다.

군인에서 민간인이 된 2011년으로부터 10여 년이 지났다. 박사과정 기간 저자는 세상을 이롭게 하는 환경기술의 연구와 개발을 담당하는 연구자이자 학자로 성장하기 위해 노력했다. 그 삶을 직업적으로 실천하기 위해 대학교의 교수나 정부출연기관의 정년직 연구원이 되기를 희망했다. 결과적으로 이루어지지는 않았다. 다수의 좋은 연구 성과를 가졌지만, 이는 내가 희망한 곳에 취업하기 위한 충족요건이 되지 못했다. 이후 계약직으로 민간기업에 생계를 위한 취업을 했다. 나의 계약직 노동자 생활은 여전히 진행 중이다.

나에게 있어 매년 매일은 경제적 활동의 존속, 즉 생존과 직결된 순간들이었다. 민간기업의 계약직으로 생활하면서 실업을 당하기도 했다. 약 10개월 동안 실업자였던 당시를 생각하면 너무도 힘들었다. 다행히 몇 개월은 노동청의 실업급여를 받아 생활할 수 있었지만, 지급만료 이후로는 매일 악몽을 꾸었고 내일이 오지 않기를 바라는 삶이었다. 그렇게 시간은 지나갔다. 다시 계약직 노동자로의 회귀였지만 한 기업에서 입사 결정 연락을 받은 일은 당시 기준으로 일종의 구원과도 같았다.

마흔이란 나이를 넘기니 연구자로서의 역량이나 소위 말하는 취업스펙 등은 큰 의미가 없어졌다. 적어도 저자에게는 그렇게 느껴지기 시작했다. 어딘가에 정규직 노동자로 속했어도, 마흔의 나이부터는 빠른 경우 부서장이나 임원으로 진급한 이후 이른 퇴직을 한다. 혹여 진급이 제때 이루어지지 않는다면 희망퇴직, 구조조정 대상자가 되어 이 또한 이른 퇴직을 한다. 결국, 저자가 30대까지 꿈꾸었던 남부럽지 않은 직장에서 안정감 있게 정년까지 근속하기란 현재와는 맞지 않은 옛일이 되었다. 실제로 중·고등학교, 대학교(원) 또는 민간사회에서 인연을 맺은 지인들 중 적지 않은 인원이 40대에 실업자가 되었다. 그리고 될 것이다. 일부는 대기업에 부서장, 임원이 되었다. 다만 이들은 말한다. 곧 퇴직을 할 수밖에 없는데 무엇을 할 수 있을지 모르겠다고.

대기업 등의 소위 번듯한 회사에 20~30대 정규직 노동자로 입사를 했고 지금은 각각의 이유로 퇴직하여 실업자 혹은 중소기업의 재취직 계약직 노동자가 된 이들에게서 이러한 말들을 듣는다. 말하는 사람만 다를 뿐 그 말들은 대체로 비슷했다. '준비가 전혀 안 된 상태로 이렇게 되었다.', '앞으로 어떻게 해야 할지 모르겠다.', '앞으로 애들 학비 대는 일과 가정을 먹여 살리는 일이 남았는데 엄두가 나지를 않는다.' 등등. 종합하면, 경제적 대비가 아직 안 되었다는 것이다. 그리고 지금은 자신이 무엇을 할 수 있는지조차 모른다는 것이다.

그들의 말을 들으면, 답답하고 화가 난다. 저자가 계약직 노동자로서 어려움을 말할 때는 귓등으로 듣지도 않던 이들이다. 그들 자신의 처지가 막상 어려워지니 하소연 일색이다. 몇몇은 도리어 저자의 처지가 좋다며 시기한다. 거리낌 없는 말이 가능한 오랜 지인에게 한 번은 이렇게 말했다. "S기업 다닐 적 어깨에 힘을 넣어 주던 본인의 그 많은 급여는 어떻게 사용했습니까? 골프치고, 신차 뽑고, 가족과 여행 다니고, 그렇게 다 소비했습니까? 재정적 준비가 전혀 안 되었다는 것을 내가 어떻게 믿죠? 그게 본인 연봉에서 가능한 거예요? 중소기업에서 적은 급여를 받는 이들 중에도 혹시 모를 상황에 대비를 탄탄하게 하는 분들이 있습니다. 본인은 그간 무엇을 한 것입니까?" 그는 답변하지 못했다. 잠시 후 고작 한다는 말은 "집

마련하느라 그랬지. 지금은 대출금만 남았고⋯⋯."였다.

저자는 매년, 매달, 매일을 경제적 활동의 지속가능성에 대한 의구심을 떨칠 날이 없었다. 하루하루를 고용불안정에 시달렸고, 그래서 저자는 그 상황으로부터 어떻게든 탈출하기 위한 대비책을 고민하고 준비했다. 내 뜻대로 오롯이 이루어진 것은 없지만, 그럼에도 불구하고 뭔가를 한다는 지금의 상황과 마음의 대비가 상시 있다는 것은 그들과 명백하게 다르다.

내가 결과적으로 계약직이라 다행인 점은 긴 시계열에서 재정적 대비계획을 세우고 이를 실천하기 위한 투자를 진행했다는 사실이다. 아직 그럴싸한 투자성과를 거두진 못했지만, 그럼에도 불구하고 재정적인 대비가 진행 중이며 이 과정에서 삶의 태도가 긍정적으로 바뀌었다. 매년 실업할 수 있다는 불안감을 상쇄시키기 위해 생존의 문제처럼 치열하게 투자했다. 이를 통해 저자는 삶의 태도 변화를 넘어, 국내 노동문제와 경제적 자유라는 부의 본질적 의미를 깊게 고민하게도 되었다.

직장인 및 예비 직장인 대상 자기개발 분야의 각종 강의들을 여러 미디어를 통해 듣고 있으면 자주 접하는 말이 있다. "100세 시대, 직장이 아닌 직업을 가져야 한다." 바로 이 말이다. 표현의 방식만 다르고 그들이 전제하는 배경만 좀 다를 뿐이지 자신만의 '업'을 가져야 한다는 메시지는 거의 동일하다. 직장은 일을 하는 곳, 즉 일터이다. 우리는 일반적으로 직장과 직업을 동일시하는 경향이 있다. 아마도 돈을 버는 수단으로서 경제적 활동 그 자체만을 봐서 그러한 것 같다. 이 지점에서부터 문제는 크게 발생한다.

직업은 분명 직장과 다르다. 직업은 사전적 의미로 자신의 적성과 능력에 따라 일정기간 지속하여 경제적 활동 등을 위해 종사하는 일이다. 직업은 직장의 상위 개념이다. 본래의 의미대로라면, 직업이 있어야 직장을 가질 수 있다. 그런데 직업 없이 직장만을 가진 이들은 어떠한 상황이 발생하는가? 이를 인식하는 현직 직장인들은 그다지 없지만, 40~50대인 자신들의 직장 내 쓸모가 없어지는 시점이 오면 그들은 절실하게 깨닫는다. 이미 그때는 늦었을 가능성이 크다.

하나, 직업이 없는 직장인은 회사에서 부여한 지위와 업무가 자신의 정체성이라고 착각하며, 그 회사에서 책정된 연봉이 자신의 가치라고 믿는다. 취직을 위해 쏟은 많은 노력과 함께 운도 따라주어서, 적기에 복지수준이 높은 기업에 입사하면 그 이후로는 마치 마약중독자처럼 현실 판단을 못한다. 기업에서 부여한 직책과 그에 걸맞은 업무가 자신의 직업이라 생각하면서 직장생활을 하고, 기업에서 지급하는 연봉과 각종 복지혜택 수준이 자신의 사회적 지위이자 가치라고 오판한다. 이들은 그래서 정년퇴직 혹은 희망퇴직한 후 자신의 직장 명함이 사라지면 경제활동 주체로서 자신의 정체성이 사라지는 경험을 한다. 또한, 제2의 직장에서 연봉과 복리혜택이 이전 재직한 기업의 수준보다 낮아질 때 그들은 자신의 사회적 지위가 하락했다며 절망한다. 이러한 현상은 매우 높은 수준의 연봉과 복리혜택을 받던 대기업 정규직 노동자(임원급), 법·제도적 권력을 행사하던 고위직 공무원 등에게서 특히 두드러진다.

둘, 직업과 직장의 개념을 혼용하는 이들이 결국 퇴직을 하면 겪는 문제가 있다. 바로 자신이 제2의 경제적 활동주체로서 어떠한 삶을 살아야 하는지에 대한 혼란에 빠진다는 것이다. 자신이 20~30대에 입사한 이래로 적게는 10년, 많게는 20~40년 정도를 근속하며 수행한 일은 기업의 한 부속으로서 맡아온 업무이기에, 이는 기업을 떠나는 순간부터 무용지물이 된다. 그 업무는 자신 직업의 일부가 아니기 때문이다. 물론, 퇴직한 기업과 동일하거나 유사한 사업을 하는 기업에 같은 업무 담당자로 재취업을 한다면 이전 업무는 유의미할 수 있다. 그러나 그 상황은 한시적이다. 게다가 여타 기업들 입장에서는 이미 경쟁기업에서 쓸모를 다해 퇴직한 인력을 높은 가치로 모셔올 동인이 없다. 채용한다 하더라도 기업이 갑의 입장에서 인건비를 낮추려 할 것이다. 현실이 이러하기에 직업 없이 직장생활만 했던 이들은 직장에서 퇴출되는 순간부터 그 무엇도 아닌 존재라고 생각하게 된다.

직업과 직장이 일치된 대표적인 경우는 한국 사회에서 전문직이라 일컬어지는 이들이다. 법조인(변호사/검·판사)과 의사, 약사, 공인회계사, 변리사, 박사학위 소지자인 대학교수·국책기관연구자 등이 해당한다. 주변에서는 전문직 희망 이유를 '정년 없이 일할 수 있고, 자신의 전문성에 따라 취업/취직도 쉬우며, 일반 직장인들에 비해 높은 수준의 연봉과 복지혜택을 받는다.'라고 말한다. 최근에는 소수의 전문직을 제외한 많은 전문직들 역시 어렵긴 마찬가지다. 그럼에도 불구하고, 전문직 희망자들의 말이 틀리진 않다. 전문직인 이들은 직업과 직장의 일치도가 높고, 직장 구하기가 어려울 경우 자신 스스로가 직장을 설립할 능력을 가지기 때문이다. 이 부분이 바로 일반 직장인과의 가장 큰 차이점이다.

국내에는 법령 기반의 특정 직군 전문직에 쏠림 현상이 있다. 사회적으로 이는 다소 문제가 있다. 직업은 전문직 자격, 즉 면허증만을 취득해야 얻어지는 것이 아니다. 자신이 무엇을 좋아하고 무엇에 재능이 있고 그것을 통해 사회에 어떠한 기여를 할 수 있는지 먼저 찾아야 하고, 더불어 돈을 버는 경제적 활동도 가능하다면 바로 그것이 직업이다. 이러한 이유에서 직업은 기업에서 부여받은 나의 직책, 업무와 확연히 다르다. 직업은 오롯이 나의 것이다. 내안에서 나 스스로가 찾은 것이기 때문이다.

직업 없는 직장은 가지지 말라 주장하고자 함이 결코 아니다. 직장생활을 통해 직업을 탐색하고 가질 수도 있기 때문이다. 직업 찾기는 전적으로 자신이 주체이다. 다만, 자신이 무엇을 하길 원하는지도 모르는 상태로 적기에 직장을 얻고 기업에서 제공하는 직책과 연봉 등에 취해 직업인으로서 자신을 잃지 않기를 바라는 마음에 저자는 이처럼 말하고 있다. 단순 직장인은 결과적으로 퇴직한 후 대비가 미흡하다. 대비하는 마음이 결여

되어 있다. 저자는 계약직 노동자 신분이기에 항상 직장생활 이후의 대비를 염두하며 지낸다. 거창한 것은 아니다. 투자와 글쓰기, 이 두 가지가 바로 저자가 직장생활과 함께 매일 진행하는 일종의 업이다.

국내 직장인 상당수는 직장생활 외의 대비를 소홀히 하기 때문에 청년들과 사회적 갈등을 빚을 수밖에 없는 정년연장, 기성 직장인 대상 사회보장 등을 무리하게 요구한다. 더 이상 확장하지 않는 경제구조에서, 즉 한정되다 못해 점차 줄어들 수밖에 없는 일자리 상황에서 기성세대는 청년들에게 기회를 내어주지 못하고 있다. 날카롭게 비판적 시각으로 보자면, 기성세대는 청년들에게 돌아가야 할 일자리를 빼앗는 셈이다. 저자는 실제로 주변 50~60대, 20~30대에게서 그 복잡 미묘한 갈등의 상황을 종종 목격한다.

"결과적으로 나는 계약직이라 다행입니다."

저자는 박사학위를 소지한 자이지만, 민간사회에 경제활동 주체로 첫발을 내딛는 순간부터 계약직 생활을 했다. 계약직이 태생적으로 주는 생계와 미래에 대한 상시 불안감은 대장간에서 대장장이가 내려치는 쇠질과도 같았다. 생계의 불안감이 저자를 내려칠수록 소지한 박사학위만으로는 나 자신을 증명할 수 없다, 직업을 가지기도 어렵다라는 생각이 들었다. 아니, 증폭되었다. 그래서 공부하고 또 공부하고, 책과 논문을 쓰고, 내가 잘

할 수 있는 일에 대한 전문자격을 취득했다.

이마저도 부족하다 느껴질 때쯤 저자는 40대에 접어드는 상황에 직면했다. 이 나이부터는 내가 전문 직업인으로서 새로운 직장을 얻는 것이 쉬운 일이 아니게 되었다. 40대 중·후반의 나이부터 50~60세까지 노동으로 돈을 벌어놓는다 하더라도 그 이후의 내 삶에서 경제적 문제는 단연코 해결될 수 없다는 결론을 내렸다. 게다가 저자는 아직 미혼인 상황이지만, 어린 쌍둥이 조카들을 바라보며 그리고 주변 지인들의 아이들을 바라보며, 양질의 일자리가 더는 창출되기 어려운 나라에서 내가 그 일자리를 오래 점유하는 사람이 되고 싶지 않다는 생각이 들었다. 세대 간 일자리 갈등이 유발되는 사회적 분위기에 일조하는 기성세대가 되고 싶지도 않다.

투자는 이때부터 본격적으로 시작했다. 매월 받는 급여의 15~20% 정도만을 각종 공과금과 최소생계비, 기타 지불비용으로 남겨놓고 나머지는 주식 등 자산에 투자하고 있다. 저자의 투자가 성공적이라고 말할 수는 단연코 없다. 그러나 내 삶에서의 성과는 분명 생겼다. 계약직이라면 태생적으로 갖는 생계와 미래에 대한 상시 불안감이 감소했고, 마음속 불안감이 사라진 그 빈자리를 미래에 대한 희망이 채웠다. 군 생활을 포함하면 약 20년, 민간기업의 계약직 노동자로서 직장생활만도 10여 년 이상을 했다. 고용불안감에 시달릴 수밖에 없는 삶이었다. 그렇기에 저자는 절실함으로 인생을 바꿀 투자를 시작할 수 있었다. 솔직히 저자에게는 선택의 여지가 없었다. 만일 젊은 나이에 좋은 직장에 입사하고 현재까지 직업과 미래에 대한 고민 없이 생활한 저자였다면 지금의 내 모습은 분명 없다.

나는 투자를 계속하겠습니다

계약직 노동자라는 신분이 주는 불안감 해소와 조기은퇴, 큰 목돈 만들기를 위해서, 현재 그리고 앞으로 닥쳐올 경제적 문제를 대비하려는 목적으로 저자는 투자를 본격적으로 시작했다. 길지 않은 기간 동안 큰 투자 실패들을 경험했고, 이로 인해 투자에 필요한 다양한 공부를 깊이 있게 진행했다. 그 과정에서 세상을 살아가는데 유용한 시각을 가질 수 있었다. 투자의 목적은 경제적 문제 대비뿐만 아니라, 돈벌이가 안 될지라도 내가 좋아하는 일을 하는데(평생 직업을 가지는데) 버팀목이 되어줄 재정적 기반을 다지고, 세상을 변화시키는 혁신적인 기업을 지지하며 동업자로서 성장하는 삶을 살아가기 위함이다.

"나는 투자를 계속하겠습니다."

저자는 가족과 지인, SNS 등의 온라인상에서 교류하는 이들에게 이렇게 말한다. 그 이유는 투자가 세간에서 불로소득이라고 폄하되는 것과 달리, 매우 긴 시간과 막대한 지적 노동, 근로소득을 통한 투자금의 지속적

투하가 필요하고, 이를 최소 수년간 묵묵히 진행한 소수의 사람들만이 결실을 맺는 자본주의체제에서의 경제활동 중 하나이기 때문이다. 또한, 저자가 직장인에 머물러 있는 것이 아닌 어디에서든 재정적 상황에 구애받지 않는 직업인으로서 삶을 살아갈 버팀목이 되어주며, 내 삶을 더욱 다양한 시각에서 바라볼 계기가 되어줄 것이기 때문이다. 미래에 성공적인 결실을 맺어 큰 부를 가질 수 있다는 것도 저자가 계속 투자를 하려는 이유이다.

합계출산율 소수점대 상황의 지속, 기술발전에 따른 산업구조의 재편, 일자리의 변화 및 감소, 경제적 어려움으로 인한 세대갈등, 부의 양극화, 분노 정치 등 이러한 국내 문제들은 중 · 단기적으로 개선될 여지가 없는 것으로 판단된다. 이러한 현실에서 어떠한 형태의 투자도 진행하지 않는다는 것은 위태롭다 생각한다. 투자는 불안정하고 불확실한 현재와 미래의 내 삶을 헤지(hedge)하는 방법이다.

투자를 어렵게 하는 문제들은 있다. 국내 증시의 구조적 문제, 기업지배구조 이슈, 금융소득에 대한 조세제도 비합리성, 국민 뇌리에 새겨진 '금융소득은 불로소득이다.'란 부정적 인식 등이 바로 투자를 어렵게 하는 문제들이다. 주식 투자하면 패가망신한다, 주식 투자하는 자식은 호적에서 파야 한다, 투자소득 등의 불로소득은 죄악이다라고 하는 이러한 인식은 단기간에 사라질 수 없다. 그러나 이를 해결하려는 노력은 꼭 필요하다.

다만, 그러려는 의지가 우리 사회에 과연 있는지에 대해서는 항상 의구심이 든다. 투자한다 말하는 이들이 실제로는 투기를 하면서 투자한다 착각하는 상황 역시 개선되어야만 하는 문제다.

특히, 금융소득은 불로소득이다. 이 인식은 자신을 위해서라도 머릿속에서 꼭 지워야만 한다. 저자가 직접 수년간 투자를 해보아 말하건대, 투자를 통한 금융소득은 결코 불로소득이 아니다. 불로소득은 노동이 없는 소득이다. 그러나 투자금을 잃지 않고 투자에 성공하기 위해서는 얼마나 많은 지적, 육체적 노동이 필요한지 투자를 해본 사람은 안다. 기업의 실시간 소식, 실적발표, 기술개발 현황, 생산능력 등을 투자하는 동안 지속해서 파악해야 하고, 공시된 재무제표 및 향후 실적가이던스를 통해 수시로 기업가치 산정을 하며 적정 주가를 판단하는 일도 필수다. 그래서 많은 투자자들은 투자가 365일, 24시간 진행되는 업무라고 말한다. 내 돈이 투자된 경우 더욱 그러할 수밖에 없다. 자산운용사 등의 금융업계 종사자를 보라. 투자가 얼마나 고도의 지적 노동을 요구하는지 알 수 있다.

누군가의 말처럼, 금융소득은 불로소득이다. 이게 진실이라면 정부와 우리 사회는 자산운용사 등의 금융업계 종사자들을 노동자로 대우해서는 안 된다. 그들의 논리상 이들은 노동하는 사람들이 아니기 때문이다. 즉, 노동자가 아니다. 그렇기에 그들의 회사에는 노동조합 설립이 가당치 않다. 노동조합 설립을 주도하고 가입할 노동자가 없어야 하기 때문이다. 이것이 과연 말이 되는가? 그럼에도 왜 투자에 의한 금융소득은 불로소득이라 주장하며, 투자가 필수인 시대 · 사회에서 많은 국민들이 투자에 대한 거부감을 가지도록 하는가! 불순한 의도가 있지 않고서는 분명 이럴 수는 없다.

거북이처럼 느려 보일 수는 있지만 결과적으론 느리지 않은 투자를 지속한다면, 분명 나 자신의 변화된 모습을 볼 수 있다. 긍정적인 미래를 살아가려는 나의 모습을 말이다. 큰돈 버는 것을 목표로 시작하지만, 투자가 성숙할수록 자산을 지키고 기업의 성장과 함께 나 자신의 삶도 성장하기를 목표하게 된다. 투자는 그래서 돈을 버는 것이 다가 아니다. 돈 외로도 많은 것들을 배우고 얻을 수 있다. 투자는 세상에서 가장 공정하고 기회도 공평한 게임이다. 이는 슬프지만 미국 증권시장 기준이다. 거듭 말하지만 "나는 투자를 계속하겠습니다."

3.

또 한 번의 기술혁명기

W를 찾아서

'시골의사'로 널리 알려진 전문의 박경철은 국내에서 선구안을 가진 투자자로 주식 등의 투자를 하는 이들에게 익숙한 사람이다. 수많은 사람들이 그를 찾았던 탓인지 유튜브(YouTube) 등의 각종 매체 · 플랫폼에는 시간이 한참 지났음에도 많은 강연들이 존재하고 있다. 뿐만 아니라 능동적인 투자자들 사이에서는 아직도 그의 주요 강연 동영상들을 추천하며 자신들이 받아들인 관점을 교류하고 있다. 물론, 그의 영상들을 찾는 이들이 여전히 아직 많은 이유로 플랫폼 알고리즘의 추천이 잦게 느껴진다.

2008년 아주대학교의 초청 강연 '행복한 삶을 어디서 찾을 것인가(부

제: W를 찾아서)'는 시간이 한참 지난 지금도 투자자들 사이에서 아직도 회자되는 박경철의 대표적인 강연으로 손꼽힌다. 저자 개인적인 느낌으로는 안드레 코스톨라니와 피터 린치, 찰리 멍거, 워렌 버핏 등 투자계의 구루라 칭해지는 이들의 대표 저서, 인터뷰, 강연들처럼 투자자라면 꼭 한 번은 시청해야 하는 명강연으로 여겨지고 있다. 약 2시간이 좀 모자란 긴 강연이다. 저자는 이 강연을 처음부터 끝까지 3번을 시청했고, 그 후로도 필요하다 생각될 때마다 부분적인 시청을 계속하고 있다.

강연은 박경철 본인이 1990년대 실제로 겪은 일화를 중심으로 진행되고, 그 주요 내용은 다음과 같다.

"지방에서 의사로 근무하던 박경철은 당시 백수 친구의 부탁으로 서울의 한 연구소에서 주관한 강의를 들으러 간다. 다소 엄숙한 분위기의 연구소에 강의를 위해 초청된 강사는 찢어진 청바지와 뉴욕 양키스 모자를 쓰고 등장했고, 이때부터 그 주관 연구소의 정장차림 연구원들은 불편한 내색을 내비쳤다. 강사는 칠판에 'WWW'를 적고서 다짜고짜 그리 머지않은 시기에 W의 세상이 온다고 주장했다. W 안으로 은행, 증권사 등이 들어오고, 이걸로 핵무기도 만들고, 이것으로 전쟁도 한다고 말했다. 박경철은 '이 강사가 게임을 만들다가 미쳤거나 망상장애 같은 정신질환이 있구나!' 라고 생각했다. 박경철 본인뿐만 아니라 그 자리에 있던 연구원들도 강사를 과대망상이라 생각하고 자리를 다 떠났다. 1993년도에 W와 같은 이야기를 하면 정신병자 취급을 받았다. 그런데 자신을 설득해 강의에 오게 한 백수 친구는 W의 미래에 믿음을 가지게 되었고, 이후 박경철에게 돈을 빌려서 구한 작은 사무실에서 전자메일서비스 사업을 시작했다. 백수 친구는 1년 반 만에 250만 명의 가입자를 모집했고, 큰 성공을 거두게 되었다.(추정키로 백수 친구는 깨비메일의 설립자 한이식 대표, W 강사는 다음의 창립자 이재웅 전 대표이다.)"

박경철은 같은 강의를 들었음에도 W를 알아보지 못한 것에 대해 안타까움을 가지게 되었다. 그 당시 박경철의 심정은 '행복한 삶을 어디서 찾을 것인가(부제: W를 찾아서)' 강연 중 했던 말을 통해 고스란히 느낄 수 있다. 다음은 그의 말이다.

"나(박경철)는 그 과정에서 굉장히 가슴이 아팠다. 굉장히 고통스러웠다. 왜냐하면 친구가 잘된 것이 배 아파서가 아니라 왜 같은 장소에서 같은 사람으로부터 같은 말을 들었는데 왜 백수에게는 인생을 걸고 뛰어들어야 할 복음으로 들리고 나한테는 망상장애를 가진 환자의 기괴한 이야기로 들렸던가? 이것이 이해가 되지 않았다. 이 차이가 도대체 어디서 온 것일까? 고민을 하던 차에 마침 내가 읽고 있던 책에서 답을 구했다. 제레미 리프킨의 초기 저작이었다. 내용은 이랬다."

"현생 인류가 30만 년 전에 출발을 할 때, 그때 가진 자산은 돌도끼가 유일한 것이었다. 그런데 30만 년이 흐른 지금에서 볼 때 인류가 가진 자산은 어마어마하게 발전했다. 그런데 많은 사람들은 착각하고 있다. 30만

년 동안 나고 죽었던 모든 인류가 문명의 발전에 기여했다고 하지만 천만의 말씀이다. 0.1%의 창의적인 인간이 다른 사람이 보지 못한 것을 보고, 다른 사람이 생각하지 못한 것을 생각하고, 다른 사람은 꿈꾸지 못한 것을 꿈꾸고, '여기가 새로운 세상이다!'라며 엄한 곳에 깃발을 꽂으면 0.9%의 통찰력과 직관을 갖춘 안목 있는 인간이 그것을 알아보고 거기에 뛰어들어서 한 배를 타고 등을 밀고 손을 당기며 이뤄낸 1%의 역사다."

박경철은 W 강연을 들었던 이후로 새로운 W를 찾기 위한 노력을 했고 현재까지도 부단히 그 노력을 이어가고 있음을 2008년 아주대학교 강연에서 밝혔다. 2000년대 휴대폰을 보면서 '이것이 또 다른 W구나'를 깨닫고 해당 기업의 주식에 투자를 해 큰 성공(수익)을 거두었으며, 10개월 동안 다양한 분야에서의 이야기를 접하기 위해 백수가 되어 교수, 연구원, 연극인 등을 만나 그들의 다른 생각과 아이디어를 듣고 배웠다고 했다. 그 결과 박경철은 새로운 시대의 변화(다가올 미래) 속에서 다시금 큰 성공을 가져다 줄 W를 찾았다고 말했다.

저자는 강연명 'W를 찾아서'로 더욱 잘 알려진 박경철의 2008년 아주대학교 이 강연을 통해 내 삶에서 항상 염두에 둘 세 가지를 생각하게 되었다. 하나, 0.1%의 창의적인 인간 그리고 0.9%의 통찰력과 직관을 갖춘 안목 있는 인간에 속하지 못한다면 적어도 0.9%의 주변부에서 기회를 놓치는 인간은 되지 말자. 둘, 자신은 창의적 인간이라 착각하는 돈키호테가 되지 않도록 하자. 셋, 늙어서도 매 순간 세상(시대)의 변화에 관심을 기울이며, 그 속에서 기회를 놓치지 않도록 하자.

박경철의 'W를 찾아서' 강연 후로 10여 년 이상이 훌쩍 지났다. 세상은 지금도 끊임없이 변화하고 있고, 특히 현재는 그 변화의 중심에 인공지능(AI/AGI) 기술이 있다. 글로벌 거대 기업들뿐만 아니라 각국 정부 그리고 수많은 스타트업(Start-up)들이 세상의 변화를 이끄는 인공지능 개발과 사업을 현재 진행해가고 있다. 또한, 인공지능의 급격한 발전으로 인해 각종 소프트웨어 서비스와 로보틱스, 모빌리티, 에너지, 제약·헬스케어 등 다양한 산업분야에서도 굵직한 혁신들이 이루어지고 있다.

주변을 둘러보면 아직 일반인들은 세상의 그 변화들이 그들의 삶에 크게 영향을 주고 있다 느끼지 못하는 것 같다. 단지, 신기한 기술로 체험하는 수준 정도로만 생각하는 것 같다. 그래서인지 저자는 99% 이상의 일반 사람들이 현재 세상의 변화 속에서 자신들에게 찾아오고 있는 기회 'W'를 보고도 못 보고 있는 상황으로 느껴진다. 0.1%의 창의적인 인간은 지금 이 순간에도 '여기가 새로운 세상이다!'라며 엄한 곳에 깃발을 꽂고서 밤낮 없이 세상을 변화시키고 있으며, 0.9%의 통찰력과 직관을 갖춘 안목 있는 인간은 0.1%의 거기에 뛰어들어서 한 배를 타고 함께 노를 켜는 중이다. 서로 등을 밀고 손을 당긴다.

정말 다행히도 이러한 세상의 변화(인공지능에 의한 혁신)는 아직 진행 중이다. 1%의 사람들이 타고 있는 배는 아직 선착장을 떠나지 않았고, 그 배에는 자리도 여전히 남아있는 상황이다. 시간이 더욱 흘러 이 배가 멀리 떠나가면 다음 번 신세계로 우리를 데려다줄 배편은 언제 이곳 선착장에 당도할지 모른다. 지금 내가 있는 곳이 식량이 떨어져가 상황이 악화되는 섬이고, 나를 다른 곳으로 데려다 줄 W라는 배를 봤다면 망설이는데 시간을 너무 허비하지 말자. W는 자신만의 스케줄이 있어 생각보다 우리를 길게 기다려주지 않기 때문이다.

테슬라 투자를 시작하다

국내 주식에 투자를 하다가 미국 주식에 투자하게 되었을 때 저자는 처음부터 테슬라에 투자하지 않았다. 사실, 미국 주식의 경우 본체인 기업들을 잘 알지도 못했고 알 방법도 용이치 않았다. 현재는 해외 투자가 보편화되니 각 증권사에서 주식 투자자들에게 다양한 해외 투자정보를 제공하고 투자에 필요한 각종 도구 · 서비스도 편의성 높게 제공하고 있지만, 내 기억이 크게 틀리지 않다면 2021년 말 이전까지만 하더라도 그렇지 못했다.

2020년 겨울로 접어드는 시기 저자는 친구 몇몇에게서 주워들은 미국 상장된 주식들에 투자를 시작했다. 토머스 에디슨의 창업기업이 모체가 된 제네럴 일렉트릭, 글로벌 석유기업인 엑슨모빌과 쉐브론, 중국 IT 빅테

크로서 미국 나스닥에 예탁증권 형태로 상장된 바이두와 알리바바 등 이 것저것 잡다하게 투자했다. 그리고 코로나 팬데믹 당시 언택트 테마로 소형기술주 거품이 형성되었던 상황 그 중심에 있던 펀드(ETF)인 ARKK에도 투자했다.

테슬라 투자 역시 이쯤해서 미미하게나마 시작했다. 그 당시에도 테슬라는 지금처럼 여전히 시장참여자들 사이에서 갑론을박 논쟁의 대상이었으며, ARKK 펀드 포트폴리오의 주요 종목 중 하나였다. 그 당시의 증시 분위기에 편승해 테슬라에도 저자는 총 투자원금의 ~10% 정도를 투자했다. 돌이켜 보면, 저자의 그때 테슬라 투자는 다른 종목들의 투자처럼 무지성이었다.

지금은 물론이고 향후 최소 5년 이상 저자는 테슬라의 미래 청사진을 지지하면서 투자를 이어갈 것이다. 중·단기적 목표들을 매년 달성해가는 테슬라의 모습을 지켜보며 저자는 지금처럼 앞으로도 굳건한 신뢰를 보내고자 한다. 테슬라와 CEO 일론 머스크가 자신들의 사명인 '지속가능한 에너지로의 전환 가속화(Accelerating the World's Transition to Sustainable Energy)'를 달성하는데 저자는 장기투자자로서 앞으로도 계속 함께할 것이다.

저자의 경우 동업자로서 마음가짐을 가지게 된 탓인지 지분을 더욱 확보하고 싶다는 욕망으로 테슬라에 투자금액을 매년 늘려가고 있다. 어쩌면 피투자기업에 대한 객관적 신뢰가 커짐에 따라 투자금액도 가용한 범위 내에서 커지는 것이 자연스러운 현상일지도 모르겠다. 최초 테슬라라는 기업의 정체도 모른 채 그 주식을 샀던 투자 초기 대비 현재는 20배 이상 투자원금이 증액된 상태이다. 누군가 "당신은 그래서 테슬라 기업에 대한 신뢰가 초창기 투자 시점보다 20배 이상 늘었는가?"라고 묻는다면, 저자는 그에 대한 확답이 어려울 것이다. 다만, "적어도 내 기준에서는 테슬라만큼 미래 청사진을 달성할 것이라 신뢰할 만한 기업이 없다."라고 답변할 수는 있다.

저자는 미래의 큰 부, 혹은 경제적 자유를 달성하기 위한 좋은 기회를 놓치고 싶지 않다. 그 기회를 작게 가져가고 싶지도 않다. 저자는 인생을 변화시키고 싶기 때문이다. 그래서 나에게 주어져야 할 질문은 "신뢰의 크기가 20배 이상 커졌는가?"보다 "동업자로서 충분하게 지분을 확보하여 당신의 인생을 변화시킬 정도가 되었는가?"로 바뀌는 것이 더욱 적절하다.

"왜 테슬라 투자인가?"

혁신을 통해 기술의 발전과 인류 삶의 진보를 앞당기고 있는 기업들은 테슬라 말고도 많다. iPhone/iOS 생태계를 통해 모바일 혁명을 앞당긴 애플, PC용 O/S 기술로 대중인터넷 혁신을 이끈 마이크로소프트, 검색엔진·안드로이드OS 기술로 PC/모바일 혁신의 한 축을 담당한 알파벳

(Google의 지주회사), 전 지구 인구의 절반 이상을 SNS 플랫폼 기술로 연결시킨 메타(Facebook의 소속회사) 등은 이미 성공한 그 부류의 기업들이다. 미국 등의 세계 각지에서 밤낮없이 기술개발과 사업화를 진행 중인 스타트업들까지 고려한다면 그 부류의 기업들은 더욱 많다.

그런데 굳이 왜 테슬라이고, 테슬라에 투자해야 하는가?

이 물음의 대답은 지극히 저자의 주관이다. 감안해주기 바란다. 저자의 대답은 다음과 같다. 시가총액, 종업원 수, 매출액 등으로 규정되는 기업의 규모와 무관하게 과거에도 현재도 앞으로도 '테슬라=진짜 스타트업'이기 때문이다. 물론, 이외에도 기술적인 측면, 기업문화적인 측면, 공동설립자이자 CEO인 일론 머스크에 대한 신뢰 등의 다른 이유들이 있다. 테슬라는 진짜 스타트업이라는 사실 하나로, 저자는 나의 미래를 오롯이 베팅할 수밖에 없었다. 그것도 어느 스타트업보다 파산 가능성이 낮은 안전한 진짜 스타트업이다.

스타트업은 미국 실리콘밸리에서 사용되기 시작해 세계 각국의 창업·벤처 생태계로 확산 사용되었고, 현재는 하나의 고유명사로서 전 세계적으로 통용되는 용어이다. 스타트업은 각국의 법령과 정책지원 대상범주 등의 기준에 따라 조금씩 다르게 정의된다. 벤처기업이나 창업초기의 기술기업으로 개념이 혼용되기도 한다. 국내의 경우 특히 그러한 경향이 있다.

국내 및 다수의 해외 국가들에서는 신산업 경제성장의 동력원을 만들어내기 위해 신기술/혁신기술 기반의 창업초기 기업을 발굴하고 지원하는

데 큰 노력을 기울인다. 정책자금 지원 등의 정부지원정책 대부분이 그러하듯 피지원대상의 기준을 정하고, 그 기준에 부합하는지를 판단·평가해 지원한다. 그 주된 이유는 정부가 보유한 자원의 공정한 할당 그리고 정기적인 정책효과 집계·통계의 용이성 때문이다. 스타트업은 국내는 물론 해외 여러 국가들에서도 정부지원정책의 피지원대상으로 인식되기에, 벤처기업이나 창업초기의 기술기업 등으로 모호하게 정의된다. 이러한 상황은 스타트업의 본질을 흐린다.

스타트업이라 불리는 상당수 기업들의 표면적으로 드러나는 형태는 첨단과학기술 또는 IT 기반의 혁신기술로 리스크가 존재하는 사업을 일구어가며 성장해 간다. 그리고 그들의 사업이 성공할 경우 창업자와 투자자, 기타 관계자는 큰 보상을 얻게 된다. 이는 공통적인 특징이다. 그러나 이러한 특징만 가진 기업이라면 창업초기의 벤처기업 혹은 창업초기의 기술기업이란 호칭만으로도 충분하다. 그렇다면 진짜 스타트업은 무엇일까? 스타트업은 시작하여 쌓아 올린다는 의미를 가진 영단어 'start' 그리고 'up'의 합성어이다. 직역할 경우 스타트업은 창업초기의 기업이라는 의미만을 가질 뿐이다.

다만, 스타트업의 동기와 본질이 무엇인지를 묻는다면 그 의미는 달라진다. 그 창업자들에게 물어보라. 왜 스타트업을 시작했느냐고 말이다. 그들 상당수는 우리 사회와 세상에 존재하는 어떠한 문제를 그들만의 방식으로 해결하기 위해서라고 답할 것이다. 분명히 그렇게 답할 것이다. 그들이 진짜 스타트업을 설립하고 현재 운영하는 창업자라면 말이다. 기업이란 형태가 설립되고서 3년, 5년, 7년, 10년이란 시간이 훌쩍 지나고, 그 기업의 매출액과 종업원 규모가 매우 커졌음에도, 여전히 우리 사회와 세상의 문제를 해결하기 위해 노력하는 중이라면 그들은 여전히 스타트업 정신을 보유한 진짜 스타트업이다. 실제로 그 창업자들은 그렇게 말한다.

그렇다! 스타트업이란 기업의 형태로 구분할 것이 아닌 '사회·세상에 현존하는 문제를 해결하기 위해 설립되고, 그 문제를 자본주의체제에 적합한 영리조직인 기업으로서 수단을 만들어 능동적으로 해결해가는 사람들, 그리고 문제 해결의 과정 그 자체'이다. 전 세계 시가총액 순위 10위권에 랭크되고 각국에 생산공장(Giga Factory)을 구축한 테슬라는 규모 측면에서 분명 글로벌 대기업으로 구분된다. 그럼에도 불구하고, 테슬라는 자신들의 사명 '지속가능한 에너지로의 전환 가속화(Accelerating the World's Transition to Sustainable Energy)' 달성을 위해 일론 머스크 CEO를 중심으로 혁신하고 또 혁신하는 기업이다. 테슬라는 외형상 하나의 기업으로 보이지만 실제 그 내부를 자세히 들여다보면 자신들의 사명을 여러 측면에서 효과적으로 해결하기 위해 여러 개의 크고 작은 독립적 사업조직들이 존재한다. 이들은 서로 유기적인 협업을 진행하며 개별 스타트업처럼도 운영된다.

스타트업은 자신들이 해결하려는 사회·세상의 문제가 무엇이냐에 따라 목표시장/산업에서의 성장 규모가 가늠된다. 소상공인들의 결제 문제를 해결하기 위해 존재하는 스타트업인 경우 그들이 목표하는 시장은 소상공인 대상 결제시스템 시장이다. 췌장암 환자들의 치료를 위해 창업된 스타트업인 경우 그들이 목표하는 시장은 췌장암 치료와 관련된 제약 및 의료 시장이 대상이다. 이외의 경우도 비슷한 원리로 해당 스타트업의 성장 규모를 어느 정도 예측해 볼 수 있다. 그렇기에 스타트업이 해결하려는 문제의 대상이 어느 규모인지에 따라 그 기업의 미래 가치는 달라지고, 그 문제의 대상이 얼마나 구체적인지에 따라서 목표하는 시장도 명확해진다.

'지속가능한 에너지로의 전환 가속화'는 테슬라가 해결하려는 문제이다. 인류의 생존과 번영을 지속하기 위한 기후위기 대응, 그 자체가 테슬라의 사명인 것이다. 지속가능한 에너지의 종류는 풍력, 파력, 수력, 지열, 태양열, 태양광 등 다양하지만, 테슬라는 그것들 중에서 태양광에너지를 선택하고 그 전환 가속화를 위한 수단으로서 다양한 사업들을 추진하고 있다. 기후위기 초래에 가장 큰 기여를 한 것은 막대한 양의 온실가스를 배출한 화석연료의 사용이고, 그 사용의 압도적 비중은 자동차 등의 이동·운송 수단에 의해서이다.

테슬라는 내연차량의 생산과 이용 종식을 위해 전기차량 개발과 대량 양산에 성공했고, 이로써 전기차량 시장을 개척 및 선도하고 있는 주체이다. 또한, 전기차량 대중화를 위한 광범위한 충전네트워크 구축과 태양광 발전 사업, 대규모 플랜트인 ESS(에너지저장체계) 제조 및 공급, 전력체계 지능화를 위한 AI 기술 확보, 전기차량 경쟁우위 확보 및 차세대 스마트 전기차량 보급을 위한 무인자율주행 AI 기술 개발, 공정혁신, 일렉트로닉스 및 AI 기술 확보를 통해 파생된 지능형 휴머노이드 사업 등 자신들이 확보한 하드테크 및 소프트테크 원천기술들을 토대로 지속가능한 에너지로의 전환 가속화뿐만 아니라 인류 문명 자체에 큰 변화를 가져올 사업들을 확장해 나가고 있다. 이러한 상황을 지켜보고 있자면, 테슬라의 미래가치는 쉽게 가늠하기 어려울 정도로 거대하다. 게다가 저자가 투자자로서 주목하는 점은 이러한 테슬라의 사업들이 아직 초창기 시장/산업에 해당한다는 사실이다.

CEO 일론 머스크의 제1원칙 및 하드코어 추구 역시 투자자로서 테슬라여야만 하는 주요 이유 중 하나이다. 일론 머스크의 제1원칙은 물리학적인 방법으로 모든 것들을 분해하고 기본부터 접근해가는 방식이다. 그가 스페이스X를 설립한 후 우주로 쏘아 올릴 우주선 로켓을 만들어가던 당시, 그리고 테슬라 경영에 직접 참여하면서 전기차 양산체계를 갖추어가던 당시, 그리고 지금도 제1원칙을 적용하여 주변 대부분의 사람들이 성공 가능성이 어렵다고 하던 상황들을 해결했으며 또 해결해나가고 있기에 대중들에게 유명해졌다. 특히, 전기『스티브 잡스(2011년)』의 저자로 유명한 월터 아이작슨에 의해 출간된 전기『일론 머스크(2023년)』를 통해서 그의 제1원칙은 대중들에게 한 번 더 잘 알려지게 된다.

일론 머스크의 제1원칙은 제품이든 사업이든 모든 영역에서 물리학적인 방법으로 분해하여 기본원리를 파악하고 불필요한 부분들을 과감하게 제거한다. 이러한 그의 원칙을 가장 잘 나타내는 언급은 다음과 같다. "똑똑하고 능력 있는 엔지니어들은 가장 효율적으로 만들려고 한다. 그러나 그들은 제거해도 될 불필요한 것들까지 효율적으로 만드는데 최대의 노력을 기울인다." 이 언급은 언젠가 일론 머스크의 매체 인터뷰에서 저자가 직접 들었던 것으로 그 핵심은 동일하나, 본인의 기억을 더듬어 옮겼기에 당시 일론 머스크의 언급과 똑같지는 않을 수 있다. 미리 양해를 구한다.

일론 머스크의 하드코어 추구는 테슬라를 비롯해 스페이스X와 뉴럴링크, X(구 트위터), xAI 등 그가 CEO로서 직접 경영하는 기업들의 압도적 경쟁력 확보 그리고 사업의 성공적 안착에 지대한 영향을 미치는 주요한 요인이다. 형용사인 하드코어(hard-core)는 사전적으로 '매우 활동적이고 열정적인(very active and enthusiastic)'이란 의미를 가지며, 일상에서는 이보다 강한 어조인 '극한의, 극강의, 매우 힘든'이란 뜻으로 사용된다. 일론 머스크는 본인의 삶 자체가 '하드코어'로 표현되기도 하지만, 자신과 함께 사업을 추진해가는 동료 및 직원들에게도 하드코어를 주문하는 것으로 잘 알려져 있다.

전기 『일론 머스크』의 내용을 보면, 2018년 생산지옥으로 불리는 테슬라가 '모델3' 생산을 주당 2천에서 5천 대로 늘리는 과정 동안 일론 머스크는 직원들과 함께 공장 내에 텐트를 치고 쪽잠을 자 가면서 밤낮없이 일하며 성공적인 결과를 만들어낸 것을 확인할 수 있다. 2022~2023년 일론 머스크가 인수한 트위터 플랫폼(현 X)의 경우에도 그의 하드코어 추구가 결과적으로 빛을 발한다. 인수 전후 여러 이유로 파산 상황에 직면할 수도 있는 트위터를 사업상 정상적인 궤도로 올려놓고 훼손되지 않은 민주주의 소셜네트워크 플랫폼이자 에브리씽 플랫폼으로서 탈바꿈시키기 위해 효율성의 극대화 조치로 다음의 일들을 단행했다. 수천 명의 불필요 직원 해고, 일론 머스크를 위시한 핵심 인력들에 의한 밤낮 없는 사업 정상화, 일론 머스크 개인 소유의 비상장 기업 xAI와 협업을 통한 고성능 LLM 인공지능 Grok 개발 및 관련 서비스 출시 등등. 이러한 하드코어 노력의 결과로 2024년 9월 기준 X 플랫폼의 관계자는 사업 흑자전환과 함께 사업의 정상궤도로의 진입을 언급한 바 있다.

일론 머스크의 제1원칙 및 하드코어는 각기 개별적으로 추구되는 것이 아니다. 이들은 일론 머스크에 의해 테슬라 등에서 최초 상황(문제)의 접근방식부터 해결까지 유기적이고 복합적으로 적용된다. 여러 많은 사례들이 있겠으나, 2024년부터 양산되기 시작한 사이버트럭의 경우가 대표적이다. 차체 도장공정 제거의 고민으로서 스페이스X에서 이미 개발·적용되고 있던 스테인레스 복합소재 합금강의 소성가공을 통한 차체 제작과 이더넷 기반 조향장치 개발·적용, 48볼트 전력 아키텍처 개발에 따른 차량 전 부품의 신개발 등은 그의 제1원칙과 하드코어 추구가 결실을 맺은 또 하나의 대표적인 사례이다.

테슬라는 일론 머스크의 기업들 중에서 현재 유일하게 상장되어 개인투자자들이 손쉽게 투자 접근이 가능한 기업이다. 아직 매출액이나 순이익, 자동차 이외의 인공지능 등에 의한 의미 있는 큰 비중의 매출이 부족하여 주가 측면에서 수년간(특히 2021~2024년) 투자자들의 기대치에 못 미치는 문제가 있었다. 그럼에도 불구하고 이처럼 전 지구적인 스케일의 문제 해결을 사명으로 설정하고서 자신들만의 효율적이고 효과적인 방식으로 문제를 근본부터 혁신적으로 해결해가는 기업인 테슬라에 투자하지 않는다면 저자는 그 성공유무와 무관하게 분명 후회를 할 것이다. 저자는 일론 머스크가 이끄는 테슬라의 성공을 장기적인 관점에서 확신한다. 그렇기에 더욱 테슬라에 투자하지 않을 수가 없다.

"집단지성과 조우하다."

테슬라 투자자로서 저자는 수년간 투자를 이어가면서 이전에는 경험하지 못했던 유대감을 느끼는 사례들을 겪는다. 이 경험은 기존의 투자경력을 통틀어 매우 독특하게 느껴짐과 동시에 매우 유의미하다. 2024년 2분기 한 기업의 주권을 가진 주주로서 역할을 저자는 테슬라에 투자함에 따라 몸소 체감하는 사건을 겪었다.

2018년 테슬라의 이사회와 주주총회를 거쳐 승인되었던 사안인 일론 머스크에 대한 목표달성 기반의 3억 300만 주의 스톡옵션 지급에 대해,

단 9주를 보유한 테슬라 개인투자자인 리처드 토네타가 이를 부당하다 무효소송을 제기했다. 미국 델라웨어주 법원은 2024년 어떠한 이유에서인지 리처드 토네타의 손을 들어주는 판결을 내렸다. 테슬라 이사회는 그해 2분기 주주총회에서 일론 머스크의 목표달성에 대한 보상으로서 스톡옵션 지급을 다시 안건에 붙이게 된다. 이때 미국 내 정치적으로 일론 머스크와 대척점에 위치한 기관투자자와 거물급 개인투자자, 2018년 당시 찬성표를 던졌으나 현재 그 보상을 일론 머스크에게 지급하려니 불편함을 느낀 이해당사자들은 그 안건에 반대 입장을 표했다.

테슬라의 미래를 긍정적으로 바라보고 그들의 행보를 적극적으로 지지하는 세계 각국의 상당수 개인투자자들과 바론캐피탈 등의 기관투자자들은 일론 머스크 없는 테슬라의 미래를 생각하지 못한다. 스티브 잡스 생전에 애플이 그러했던 것과 비슷하다. 극단적으로 말해 일론 머스크 없는 테슬라는 상상조차 어렵다. 이는 저자뿐만 아니라 최소 수년 이상 주주로서 투자를 이어온 이들이 기술혁신을 통해 지속가능한 에너지 기반의 전기차량 시장 개척과 선도, 대중화 목적 인공지능·로보틱스 기술의 진보 등을 CEO 일론 머스크의 진두지휘 하에 테슬라가 이루어가고 있음을 직접 두 눈으로 목격해왔기 때문이다.

일론 머스크는 자신이 인공지능과 로보틱스 분야의 꽃인 휴머노이드 대중화라는 미션을 테슬라에서 안정적으로 주도할 수 있도록 2024년 개최된 주주총회에서 자신의 스톡옵션 보상안을 재통과 시켜주기를 주주들에게 간곡히 요청했으며, 혹여 그것이 통과되지 않는다면 자율성을 갖춘 모빌리티와 에너지 분야 이외 인공지능·로보틱스 사업은 자신의 개인기업에서 별도 추진하겠다는 약간의 엄포도 내놓았다. 테슬라의 4단계 성장구조를 이해하고 있는 투자자라면 인공지능·로보틱스 사업이 테슬라 미래 기업가치에 얼마나 큰 부분을 차지할 것이고, 그것이 테슬라 내 다른 사업들과의 연계 및 확장 가능성 측면에서 얼마나 중요한지 알고 있다. 그렇기에 테슬라의 미래를 전적으로 신뢰하고 지지하는 주주라면 일론 머스크의 요구에 반드시 응해야만 했다.

앞에서 이미 언급한 바와 같이 적지 않은 수의 기관투자자들과 거물급 개인투자자, 민주당 지지 성향의 연금펀드 운용기관 등은 일론 머스크에 대한 스톡옵션 보상 지급 안건을 여전히 반대하는 의결권 행사를 했고, 이러한 상황으로 그 대척점에 있는 투자자들은 더욱 절실하게 단합해 찬성하는 의결권을 행사하기에 이른다. 주주권리로서 의결권 행사의 대대적인 단합은 개인투자자들이 중심이 되었다. 저자는 이 당시의 상황이 매우 흥미롭고 새로운 경험이었다. '진정 내가 이 기업의 주인이구나!'라는 생각이 오롯이 들 수밖에 없었다. 주주총회 결과는 일론 머스크와 테슬라 이사회, 그리고 하나의 마음으로 단합해 큰 힘을 실어준 세계 각국 개인투자자들의 압도적인 승리였다. 그때를 다시 기억하면, 짜릿하다.

일론 머스크는 2024년 6월 9일 X 플랫폼에 글 게시를 통해 자신을 지지해준 많은 개인투자자들에게 다음과 같이 감사의 마음을 전했다. "저는 이전에도 비슷한 내용을 언급한 적이 있지만, 제 회사 중 어느 회사가 상장하게 된다면 테슬라를 포함하여 다른 회사의 장기 주주들을 우선시 할 것입니다. 충성심은 충성심으로 응해야 합니다.(I've mentioned something like this before, but, if any of my companies goes public, we will prioritize other longtime shareholders of my other companies, including Tesla. Loyalty deserves loyalty.)"

CEO 일론 머스크에 대한 충성심 강한 테슬라 장기투자자를 일각에서는 테슬람이라 칭한다. 이는 애플의 열성적 팬덤을 가진 이들을 비하하는 어조로서 '앱등이'라 부르는 것과 비슷하다. 테슬람은 '테슬라 장기투자자'와 '극단적 원리주의 이슬람'을 작위적으로 합성해 만든 일종의 폄하성 호칭이다. 그 이유는 일론 머스크란 인물과 테슬라를 무비판적으로 지지하고 거의 맹목적인 믿음을 가진다는 것 때문인데, 일각에서 사용하는 그 표현이 완전히 틀리지 않을 수도 있다.

하지만 세계 각국 테슬라 주주 및 오너(소비자)들은 매일 매 순간 테슬라의 전기차량 사용후기, FSD 성능테스트, 에너지 분야의 현황, 출원/등록된 특허분석 등을 글과 사진, 동영상으로 공유하고 있으며, 이에 그치지 않고 X 플랫폼에서 일론 머스크에게 개선이 필요한 사항들을 직접 요구해 테슬라가 '어제보다 향상된 제품·서비스'를 보여주도록 한다. 이와 같은 과정이 일론 머스크가 CEO로 취임한 순간부터 현재까지 진행되어 오면서, 투자자들은 서로 간에 그리고 자연스럽게 일론 머스크가 이끄는 테슬라에 대해 유대감과 연대감, 강한 신뢰를 가질 수밖에 없다. 일각의 테슬람이란 호칭은 투자자들에게 그 태생적 취지상 적절하지 않지만, 아이러니하게도 이는 지금의 투자자들 정체성을 적절하게 표현한다. 아는 만큼 보이고, 본만큼 믿을 수 있다.

X 플랫폼은 일론 머스크의 비상장 개인기업이다. 이 플랫폼에는 여타 SNS 플랫폼들보다 테슬라의 투자자이자 일론 머스크의 지지자들이 많이 활동하는 것으로 파악된다. 물론, 시간이 더욱 지나 다양한 성향의 많은 사용자들이 유입된다면 지금의 X 플랫폼 내 대체적 사용자 성향은 희석될 가능성이 높다. 어찌되었든, 현재 X 플랫폼에서는 그 사용자 특성상 일론 머스크와 테슬라, 그의 다른 개인기업들 관련 소식과 정보들이 가감 없이 신속하게 전달/공유되고 있다. 이 행위의 주체들인 개인투자자들은 지식적 교류와 정서적 연대를 통해 다른 기업들의 투자자들에게서 볼 수 없는 특별하고 색다른 무엇인가를 가진다. 그 중심에는 아마도 실시간 상호교류와 소통이 있기 때문은 아닐까?

저자의 X 플랫폼 내 본격적 활동 시작은 일론 머스크에 대한 스톡옵션 보상 지급 안건에 대한 의결권 행사를 하고, 다른 투자자들의 참여를 이끌어내는데 일정 기여를 하기 위한 목적이었다. 그 소기의 목적이 달성되었음에도 저자는 현재까지 또 다른 이유들로 활동을 적극적으로 이어가고 있다.

하나는 일론 머스크가 AGI 개발을 위해 설립한 xAI를 위해서이다. 이 기업은 X 플랫폼에 존재하는 언어 기반의 데이터와 실시간 정보 등을 활용해 LLM(대규모 자연어 처리모델) 인공지능을 개발하고 있으며, 현재 상용화한 대표 제품은 그록 인공지능(GROK AI)이다. 그록은 성능 향상을 위해 더욱 많은 양질의 자연어 데이터 확보가 필요한데, 저자는 이를 위해 X 플랫폼의 신원 인증된 유료사용자로서 또한 지정된 콘텐츠 창작자(크리에이터)로서 짧고 긴 다양한 글들을 작성하고 있다. 다른 하나는 저자의 이 같은 활동이 지속되면서 팔로워가 하나둘 늘어갔고, 현재는 그 보상으로 2주 단위 광고수익분배금을 받고 있기 때문이다. 테슬라 투자에 필요한 실시간 기술적, 사업적, 그 외의 정보들을 얻는 것은 기본 이유이다.

테슬라 투자를 함으로써 향후 재정적 부 이외 얻게 되는 부분은 X의 주주 커뮤니티를 통해 조우한 다양한 생업 전선에 있는 집단지성과의 교류이다. 이들을 통해 저자가 수년간 얻은 투자에 대한 자세, 마음가짐, 다양한 관점 등은 그 어디에서도 구할 수 없는 것들이다. 이 집단지성과의 인연은 오랫동안 이어질 것으로 예상한다. 아마도 테슬라가 자신들의 성장 4단계를 모두 마치고 압도적인 세계 시가총액 1위를 달성하는 시점까지 말이다.

우스갯소리로 테슬라 주주 커뮤니티 내에서는 이런 목소리들이 들린다. "테슬라가 자신의 사명을 모두 달성하고 세계 시가총액 1위 기업이 되었을 때 지금의 우리 투자자들은 재정적으로 큰 부를 얻게 될 것이다. 그때 스타트업 투자자 등으로 각자 속한 사회에 기여를 하고 있으면서 연례정 기총회 같은 것을 해보자. 아마 사회는 우리를 일컬어 '테슬람 마피아'라고 칭할지도 모르겠다. 그 역시 근사한 일일 것 같다."

"삶을 대하는 태도의 변화."

테슬라를 투자하면서 기업의 기술개발 현황이나 사업 진척, 분기·연간 실적 등을 실시간 추적 확인하는 일뿐만 아니라, CEO 일론 머스크의 언행을 하나하나 체크하는 것 역시 중요하다. 테슬라는 그의 다른 기업들과 마찬가지로 일론 머스크에 의해 크게 기술개발과 경영성과 영향을 받기 때문이다. 테슬라를 투자하면서 일론 머스크를 나름 추적 관찰하다 보면 한 가지 사실은 명확하게 알 수 있다. 일론 머스크는 정말 밤낮으로 제대로 된 수면 없이 그의 이상을 위해서, 즉 테슬라와 그의 개인기업들의 사명 달성을 위해서 지낸다는 사실이다. 40대 이하의 테슬라 개인투자자들 중에는 농담반 진담반으로 "전 세계 1~2위의 부자 반열에 있는 일론 머스크도 저렇게 밤낮없이 잠 못 자고 매일 일을 하는데, 그보다 더욱 열심히 살아도 모자랄 내가 뭐라고 잠을 충분히 자면서 여유 있는 삶을 살아가고자 하는가!"라고 말한다. 저자도 이 말에 스스로를 더욱 채찍질 한다. 그리고 다짐한다. "아직 뭐 하나 제대로 이룬 것도 없는 내가 뭐라고! 아직은 더욱 열심히 살아갈 시기다."

테슬라 투자에 오롯이 집중하기 이전까지 저자는 매 순간 불안과 우울이란 감정을 일종의 내 삶에 대한 상수처럼 끌어안고 살았다. 군장교의 신분을 벗고 민간사회로 발을 내딛던 그 순간부터 '기간의 정함이 있는' 계약직 신분 직장인으로 경제활동을 이어왔고, 삶을 그 경제활동에 기반하여 살아온 이유에서다. 그래서 나의 30대 전반 삶의 키워드는 '이직'과 '안정'이었다. 이 두 단어를 해결하기 위한 삶이 바로 나의 30대였다. 주식 투자 역시 정규직 신분인 대학교수 또는 국책연구기관의 연구원으로 이직 실패를 수십 차례나 거듭하였기에, 그렇다면 큰돈이라도 벌어 내 삶의 안정을 도모하자는 취지에서 시작했다.

수년간 주가가 하락하고 횡보하던 기간 동안 '나의 투자가 틀린 것은 아니겠지?'라는 매 순간의 의구심으로 공부하고 또 공부했다. 그러면서 월급을 받거나 목돈이 생기게 될 때에는 테슬라의 미래 청사진에 대한 믿음의 크기만큼 주식을 더 샀다. 지분을 지속해서 늘렸다. 엄청난 수량이라 말할 수는 없다. 그럼에도 불구하고, 주변에서 쉽게 접할 수 없는 정도의 테슬라 주식수를 보유한 사람이 되었다는 사실은 부정하기 어렵다. 지난 수년간 테슬라는 하락하고 횡보하던 주가와 달리 기업 본연의 기술적, 사업적 성장을 크게 이루었다. 이는 언젠가 기업가치/주가로 오롯이 반영될 것이다.

2024년 어느 날인 지금의 원고를 작성 중인 현 시점 기준 저자는 테슬라에 투자해 아직 큰 수익을 얻지 못했다. 다만, 최초 테슬라에 투자했던 당시보다 수년이 지난 지금은 테슬라가 그려가는 미래에 대한 확신과 믿음이 수 배, 수십 배 커졌다. 독자인 당신이 이 글을 보는 미래의 어느 시점에는 저자의 테슬라 투자가 손실을 보고 있을지도 모른다. 그럼에도 저자의 테슬라에 대한 기술적, 사업적인 성공 확신은 변함이 없을 것이다.

테슬라에 투자를 지속하면서 저자는 이전까지 느꼈던 삶의 경제적 불안감을 벗기 시작했다. 종종 밝고 희망찬 나의 미래를 그리고 있는 모습도 스스로 목격한다. 불안정한 직장과 경제적 문제로 결혼은 미처 생각지도 못한 채 살아온 결과 현재 40대의 미혼 남성이 되었다. 다만, 이제는 누군가를 더 늦지 않게 만나 사랑하고 결혼하여, 우리라는 이름의 가정을 꾸리고 행복하게 살아가는 미래를 꿈꾸고 있다. 그리고 그 꿈을 위해 무엇인가를 해야겠다는 의지도 크게 생겨나고 있다. 희망차고 행복한 미래를 그리는 나의 모습, 이게 얼마만인지 저자는 스스로에게 놀란다. 요즘은 삶이 그리 비관적이지 않게 생각된다. 아직 살아있어 참으로 다행이라는 생각마저 드는 요즘이다. 이 중심에는 분명 테슬라 투자가 있다.

바야흐로 인공지능의 시대

2016년 3월 대한민국 서울의 포시즌스 호텔에서 하루 한차례씩 총 5회에 걸쳐 진행된 바둑기사 이세돌과 알파고(AlphaGo, 미국 알파벳의 자회사 딥마인드에서 개발한 인공지능)의 대국(對局)이 대중매체를 통해 실시간 중계되었다. 당시 세계의 많은 사람들이 그러했듯이 저자 역시 큰 충격을 받았고, 이 사건을 기점으로 인공지능 기술에 대한 본격적인 관심을 가지기 시작했다. 물론, 〈바이센테니얼 맨(주연: 로빈 윌리엄스, 2000년)〉과 〈에이 아이(주연: 할리 조엘 오스먼트, 2001년)〉, 〈엑스 마키나(주연: 도널 글리슨, 2015년)〉, 〈채피(주연: 휴 잭맨, 2015년)〉 등의 공상과학(SF) 영화를 평상시 즐기던 저자는 그 이전부터도 인공지능 분야에 대한 다소 막연한 관심이 있었다. 하지만, 2016년 3월의 알파고 대국 사건은 "내 삶에 있어서 인공지능은 무엇이 될 것인가?"라는 나름 심도 있는 고민을 하게 만들었다.

인간은 망각의 동물이라고 했던가? 2016년 그날의 충격은 시간이 지남에 따라 희석되어 갔다. 희미해졌다. 저자가 그 후로 인공지능에 대한 관심을 놓아버렸다는 의미는 아니다. 다만, 그날의 거대한 충격과 한동안 지속되었던 내 삶에 대한 고민의 나날 등은 인공지능에 관련한 주변에서의 대화가 차츰 줄어가던 모습처럼 서서히 가라앉았다. 그리고는 몇 년 동안 이렇게 생각했다. "그래, 아직 인공지능 수준은 체스나 장기, 바둑, 특정된 영역에서만 사용되는 정도에 불과하지! 영국의 수학자이자 컴퓨터과학자인 엘런 튜링이 개발한 테스트, 즉 튜링 테스트를 통과할 만한 인공지능이 개발되어 우리 삶에 깊숙이 침투하는 일은 먼 미래의 일일 거야."

공학을 전공하고 박사학위도 취득했다. 하지만 인공지능 분야의 비전공자일 뿐만 아니라 그 업계 종사자 역시 아니었기에 미국과 중국 등에서 소위 글로벌 기술기업들에 의해 인공지능 투자와 개발이 얼마나 적극적이고 속도감 있게 진행되고 있는지 저자는 전혀 알지 못했다. 컴퓨터공학 분야 박사학위자인 몇몇 지인들로부터 인공지능 기술 관련된 이야기나 최신 논문들의 내용을 전해 들었음에도 지금에서 그때의 저자를 돌이켜보면 무지했었고 무관심했다.

몇 년이란 시간이 흘렀다. 2020년 새해가 시작됨과 거의 동시에 세계보건기구(WHO)는 중국 발 '코로나바이러스감염증-19(COVID-19)'에 의한 국제적 공중보건 비상사태 선언(1월)과 급속한 확산세로 연이어 팬데믹 격상 선언(3월)을 했다. 팬데믹 기간 동안 세계 각국 대부분의 사람들은 정부 명령에 의한 격리와 통제를 겪었다. 해운과 항공 등을 통한 세계 물류 역시 한동안 발이 묶이는 상황을 경험했다. 이러한 상황으로 감염증 확산을 해결할 제약·의료 기술이 크게 중요해짐과 동시에, 비대면 플랫폼과 로보틱스, 모빌리티 등의 분야에 대한 대중적 관심이 급격하게 커졌다. 이들 분야의 중심에는 인공지능이 있었다.

미국과 유럽 등 각국은 봉쇄정책과 락다운(lockdown) 등으로 위기에 처할 경제를 부양하기 위해 전례 없을 정도로 대규모의 통화완화와 재정부양, 제로금리 상태를 한동안 지속했다. 미국 연방준비제도(Fed)의 전 의장인 재닛 옐런과 벤 버냉키가 이론적으로 정립했던 소위 '고압경제(High-Pressure Economy)'를 제롬 파월은 현직 의장으로서 위기 대응의 방안으로 연방정부와 발맞추어 적극 시행했다. 이 당시 미국의 재무부 장관은 제롬 파월 의장의 전임자 재닛 옐런이었다. 직후, 시중에는 막대한 양의 현금이 흘러들었다. 증권시장을 비롯한 각 자산시장으로 돈이 몰렸고, 팬데믹 상황의 수혜를 받던 각종 기술기업들의 주가에 거품이 일었다. 이 중심에도 역시 인공지능이 있었다.

부끄럽게도 저자는 거품이 끼는 중이었던 증권시장에 투기 성격의 투자에 뛰어들면서 2016년 알파고 대국 사건 이후로 다시금 큰 관심을 가지고 공부를 하며 인공지능을 접하게 되었다. 이때의 인공지능 관련된 관심과 공부는 자의반 타의반이었다. 그 이유는 어떤 인공지능 기업에 투자를 해야 돈을 더 벌수 있는지의 고민에서, 이후 증시의 거품이 가라앉으면서 저자 개인적으로는 엄청난 투자손실이 발생해 이 상황을 어떻게 해결할수 있는지에 대한 고민으로 이어진 결과론적 행동이었기 때문이다.

단순히 큰돈을 벌고 싶다는 욕망에서, 그 이후에는 막대한 투자손실을 회복해야만 한다는 간절함으로 각국 기업들이 보유한 인공지능 기술 수준을 파악하고 공부를 했다. 그러나 미국과 중국을 중심으로 기술패권 전쟁의 한 양상으로서 인공지능 기술의 개발현황을 깊이 있게 알아가게 될수록 저자는 단순히 투자를 위한 목적이 아닌 앞으로의 내 삶, 조카들과 언젠가 태어날 나의 아이들 삶을 위해 당장 지금부터 무엇인가를 준비해야 한다고 느끼게 되었다.

OpenAI의 대규모 자연어처리모델(LLM) 생성형 인공지능 ChatGPT, 메타의 오픈소스 기반 경량화 생성형 자연어처리모델 인공지능 라마(LLaMA), 일론 머스크가 이끄는 xAI의 생성형 자연어처리모델 인공지능 Grok 및 테슬라의 현실 물리세계 기반 인공지능 FSD 등은 가장 대표적인 상용화된 인공지능들이다. 이들 인공지능의 기술적 발전 속도는 매우 급격하게 느껴진다. 게다가 디지털 세계에서 한걸음 세상으로 나와 현실 세계의 인류 삶에 깊숙이 침투 가능한 인공지능인 휴머노이드 그리고 그 외 지능형 로보틱스 역시 하루가 다르게 발전하고 있다.

디지털 세계, 현실 세계에서 인공지능(AI, 더 나아가서는 AGI)이 궁극적으로 변화를 가져와 우리가 맞이하게 될 미래는 '노동에서 해방된 삶'이다. 이 노동은 육체적인 부분은 물론 지적, 정신적 부분까지 포괄할 가능성이 매우 크다. 결국, 미래의 인류 삶은 인간의 노동이 대부분 필요치 않은 사회에서 어떻게 경제적인 문제를 해결해야 하는가의 물음에 직면할 것이다. 또한 인간 존재의 목적 자체에 대한 질문과 무엇을 통해 행복할 수 있는가의 문제도 우리의 미래 삶 중심에 놓일 것이다. 이들의 해결 여부에 따라 인류의 미래는 공상과학 영화 및 소설에서 그려진 사회들과 같이 디스토피아 혹은 유토피아가 될 것이고, 한편으로 그 해결 과정에서 사람들 간의 대립과 갈등, 분쟁 등은 필연적일 수밖에 없을 것이다.

한 가지 확실한 미래는 인공지능 그리고 그 기술/사업의 주체인 기업에 대한 소유권을 가진 사람들의 경우 오롯이 주체적인 삶을 살아감은 물론 사회 변화를 이끌 힘을 가질 것이기에 일종의 차별화된 계층이 형성될 것이다. 2024년 10월 10일 테슬라에서 'WE, ROBOT'이란 행사를 통해 보여준 미래는 어둡지 않았다. 엔비디아나 메타, 알파벳 등이 주주 및 대중에게 보여주는 미래들 역시 구체적인 부분에서 차이가 분명 있지만, 노동으로부터 해방된 인간의 삶이라는 측면에서 크게 다르지 않다. 누구나 할 것 없이 장밋빛 유토피아만을 보여줄 뿐, 디스토피아를 보여주는 이는 없다. 그럼에도 불구하고 세상사 의도한대로만 이루어지지는 않는 법이다.

바야흐로 인공지능의 시대, 현재의 삶을 충실히 살아가며 무엇을 해야 하는가? 저자는 어렵지 않게 이 문제를 이해하고 풀어가려 한다. '미래를 미래답게 만들어 가는 기업'의 소유권(주식)을 긴 시계열로 하나둘 모아가는 것, 바로 이것이 저자의 문제 풀이이다.

4.

비트코인, 투자기회의 행운

행운처럼 찾아온 비트코인 4차 반감기

2024년 4월 중 찾아오는 4차 반감기 주기는 저자가 비트코인에 본격 투자를 결심하게 된 계기였다. 2022년까지 저자가 투자한 자산들은 잘해야 본전 혹은 큰 손실을 겪었다. 나름 깊이 있게 이해하고 있다고 확신하며 투자를 시작했지만 1~2년 내의 단기적 가격이 내 생각처럼 움직여주었던 자산은 없었다. 솔직하게 말해서 테슬라 투자 역시 손실이 발생하면서부터 더욱 깊이 있게 공부를 하게 되었다. 큰 폭으로 하락하던 주가에도 마음을 굳건히 다잡기 위해, 또 내가 행한 투자가 틀린 것 혹은 옳은 것인지에 대한 판단을 더욱 정확하게 내리기 위함이었다. 다만, 비트코인의 경우는 달랐다.

저자는 몇 해 전까지 비트코인이 일종의 사기 혹은 유용성 없는 투기수단이라 생각하며 그 존재 자체를 부정했었다. 이는 저자 나름의 멍청하고 잘못된 공부에 기반했던 결과였다. 가상화폐 시장 자체가 과열되던 지난 몇 차례의 기간 동안 각종 대중매체에 얼굴을 자주 내비치며 자신들의 직업적 경력과 지적인 수준을 후광효과 삼아 비트코인을 포함한 모든 가상화폐를 투기적 자산이자 사기의 일종이라는 주장을 일관성 있게 해오던 전직 정치인 겸 각료 출신 유○민과 전직 한국은행 고위 간부 출신 차○진 등의 인사들과 마찬가지로 저자도 비트코인에 대해 별반 다르지 않은 시각을 가지고 있었다. 그러했던 탓에 저자는 주변 지인들이 비트코인 투자를 하고 있다거나 할 계획이라고 말한다면 정말 위험한 생각을 가진 사람이라고 그들을 폄하했었다.

2023년 1월 저자는 300만원 수준의 크지 않은 돈으로 비트코인 투자를 첫 진행한다. 뭐랄까? 지금 돌이켜 생각하면, 비트코인에 대한 올바른 이해를 가지기 시작했다거나 그 이전의 부정적인 시각에서 벗어난 결과로서 투자는 단연코 아니었다. 한국 사회에서 일종의 변형된 구전처럼 회자되는 말, "수단방법 가리지 않고 돈만 벌면 되지 않는가?" 혹은 "돈에는 이념이 없다."처럼 딱 그 정도의 생각으로 돈을 벌 수 있겠다는 일종의 믿음 비슷한 것에 기반한 투자였다.

비트코인의 가치, 이념, 기술적 유용성 등은 저자의 투자에 어떠한 영향도 미치지 못했다. 그만큼 비트코인이라는 자산에 대한 깊은 이해가 없이 저자는 투자를 시작했다. 단지 '비트코인은 디지털 골드'라는 내러티브 정도를 인지한 정도였다. 그 내러티브 역시 저자의 투자에는 큰 영향을 주지 않았지만, 저자가 투자를 진행하면서 겪게 될 큰 폭의 가격변동성을 견뎌내기 위한 일종의 자기 암시적 수단으로서 인지하고 있었다. 이쯤에서 여러분은 "비트코인 무지렁이였던 저자가 왜 본격적인 비트코인 투자를 시작했고, 그 결심은 어디에서 기인했던 것인가?"라는 질문을 하고 싶을 것이다.

'역사는 반복된다.' 이 말에 충실했던 결과였다고 저자는 답변할 수 있다. 자산가격 차트와 투자자들의 당시 심리를 반영하는 각종 보조지표 등은 투자자들이 그 자산을 투자하며 취했던 행동의 역사를 담아내고 있다. 특정 자산뿐만 아니라 주식, 비트코인, 부동산, 금·은, 각종 원자재 등 모든 자산은 나름의 역사를 가격 차트와 보조지표로 나타낸다. 자산 중에는 특히 긴 시계열 속에서 어떠한 반복되는 패턴을 보이는 경우가 있다. 이는 그 자산이 역사 속에서 어떠한 반복적 경향을 나타내는 속성을 가지고 있거나 거시적인 사회 환경이 반복적인 경향을 가지고 있다고 해석해 볼 여지가 크다. 여기에 보조지표까지 비슷한 반복적 패턴을 보인다면, 투자자들의 심리와 행동도 주기적으로 반복이 나타나는 자산임을 유추해 볼 수 있다. 즉, 그 자산은 '역사는 반복된다.'에 입각하여 미래를 어느 정도 전망

하는 것이 가능하다. 반면, 경향성을 가지지 않는 자산은 차트를 통한 미래 전망 시도 자체가 어렵다.

비트코인은 약 4~5년 간격으로 기술적 속성의 하나인 반감기(Halving) 주기를 가진다. 비트코인의 반감기는 방사성 동위원소를 활용함에 있어 적용되는 개념인 반감기에서 의미가 차용되었다. 반감기란 사전적으로 어떤 물질의 양이 초기 값의 절반이 되는데 걸리는 시간이다. 방사성 동위원소는 이 반감기 특성을 통해 어떠한 사건 발생 시기나 생명체의 탄생 연대 등을 계산해 추정할 수 있는 도구로서 역할을 한다. 다만, 비트코인의 반감기는 방사성 동위원소의 반감기와 역할이 다르다. 절반으로 줄어든다는 의미만을 차용하고 있는 반감기이기 때문이다.

비트코인은 사토시 나카모토에 의해 프로그래밍 코드상 채굴 가능한 수량이 2,100만 개 정도로 한정되어 있다. 그리고 비트코인은 4~5년 주기의 반감기를 거치면서 1개의 블록을 채굴하면 보상으로 주어지는 수량이 절반으로 줄어들게 되는데, 2024년 4월 진행된 4차 반감기로 비트코인 채굴량은 1개 블록당 기존 6.25개에서 3.125개로 감소하게 되었다. 이와 같은 반감기는 과거처럼 앞으로도 계속 진행될 예정이다.

비트코인의 반감기는 시장에 공급 충격을 줌으로써 수급의 불균형을 초래하고 가격의 상승을 촉진시킨다. 나심 탈레브 등 비트코인 회의론을 주장하는 측에서는 "비트코인은 가격이 지속적으로 뒷받침되어야 유지될 수 있는데 반감기는 가격을 떨어뜨리는 촉매가 되어 가치를 상실하고 사라지게 된다."고 말한다. 그러나 비트코인은 지난 네 번의 반감기를 거치면서 회의론자들이 무엇인가를 간과했고 틀렸음을 '지속적인 가치 상승과 시장에서의 생존'으로 증명했다. 이는 현재도 진행형이며, 앞으로도 그러할 것으로 전망된다.

비트코인 반감기는 채굴자 수익성 문제와 투자자의 심리 기반 행동 등에 의해 4단계의 가격 패턴을 나타낸다. 거의 모든 반감기를 전후로 그 가격 패턴은 나타났고, 현재도 앞으로도 크게 다르지 않을 것으로 예측된다. '회복장, 소상승장, 대상승장, 대하락장' 이렇게 4단계의 비트코인 가격 패턴은 반감기 전후로 나타난다. 거시적인 경제·금융환경과 정치적 요인, 신기술의 잠재위협, 대량의 매도물량 출회 등으로 가격 패턴에 단기적 변형을 줄 수는 있다. 그러나 큰 틀에서는 이 4단계의 가격 패턴을 벗어난 역사는 없었다. 물론, 미래에는 어떻게 될 것인지 지켜볼 필요가 있다.

많은 비트코인 투자자들 사이에서는 총 채굴량 한정과 반감기를 전후한 4단계의 가격 패턴 등으로 비트코인은 수학적 자산이라고 불린다. 이는 기업의 부분적 소유권인 주식이나 산업재로서 가치를 가지는 원자재, 곡물 등과 명확하게 특성을 달리한다. 비트코인은 아직 가격의 변동성이 큰 자산으로서 보통의 투자자인 경우 이에 따른 심리적 어려움을 겪게 하지만, 가치상승에 대한 전망과 투자시기의 중·단기적 판단은 그 어떠한 자산보다 비교적 용이한 점이 있다. 자산의 가치와 가격이 상당부분 수학적으로 움직이기 때문이다.

저자는 비트코인에 2023년 1월 소액 투자를 진행한 이후 2024년 중반까지 점차 투자원금을 억 원 단위로 늘려갔다. 이러한 행동에는 공부를 통한 확신이 있었기 때문이다. 그 확신은 바로 비트코인이 수학적인 자산으로서 그 가치와 가격 움직임을 가지는 특성에 기반한다. 즉, 비트코인의 가치와 가격 움직임은 과거의 자산가격 차트와 여러 보조지표의 반복적 패턴을 통해 추정해 볼 수 있다. 물론, 이것만 가지고서 큰 금액의 돈을 투자하고 막연한 신뢰를 하며 자산의 가치/가격 상승을 기다리기 어렵다. 다양한 외생변수가 존재하는 투자환경에서는 더욱이 그러하다. 그럼에도 불구하고, "비트코인은 수학적 자산이라는 본질이 어떠한 상황에서도 변하지 않을 것이고, 역사는 반복된다."라는 말을 저자는 비트코인 투자를 이어가면서 잊지 않으려 노력하고 있다. 이러한 투자는 머지않은 미래에 저자로 하여금 큰 부를 창출토록 할 것이란 믿음이 전제되어 있다.

결론적으로, 저자의 비트코인 투자는 매우 성공적이다. 이 글을 쓰고 있는 시점에도 그러하고, 앞으로도 그러할 것이라 저자는 99.9999……9% 확신한다. 더욱 많은 비트코인을 사 모으기 위한 투자원금을 지금보다 크게 끌어 모으지 못한 현실이 약간의 아쉬움으로 남을 정도로, 저자의 비트코인 투자는 성공적이라 자평할 만하다.

비트코인 투자는 저자에게 큰 자산증식의 기회를 주었다. 앞으로도 그러할 것이라 확신한다. 다만, 여기에서 그치지 않는다. 더욱 많은 돈을 투자하면서 가격 흔들림에 마음이 흔들리지 않으려 저자는 비트코인에 대한 공부를 더욱 깊이 있게 진행했다. 그 공부의 결과, 비트코인은 앞으로도 계속 투자하며 보유해야만 하는 자산으로 인식하는 계기가 되었으며, 저자 개인에게는 화폐(법정통화)와 자유시장 경제체제, 금융의 본질에 대해 지속적으로 고민하는 시발점이 되었다.

비트코인은 가치물이자 점유물로서의 자산 혹은 화폐 그 이상의 의미를 가진다. 저자는 처음엔 단기적 부의 증식 기회를 가질 수 있는 투자수단으로서 비트코인을 바라보았지만, 비트코인의 투자와 공부를 깊이 있게 병행하면서 경제적 틀에서의 세상을 바라보는 새로운 눈을 뜨게 되었다. 이는 저자에게 있어 큰 행운이다.

사운드 머니(Sound Money)

비트코인은 비트코이너라 불리는 장기투자자들 사이에서 사운드 머니로 칭해진다. 사운드 머니란 시간이 지남에도 해당 화폐의 구매력이 안정적으로 유지되는 화폐를 말하는데, 금과 비트코인 등 화폐적 속성을 가진 소수의 자산만이 이에 해당한다. 달러나 원화, 일본 엔화 등 국가의 발권력에 의해 발행되는 법정통화는 속성상 사운드 머니의 반대편에 있다.

저자는 비트코인에 본격적인 투자를 진행하기 이전까지 대중들 사이에서 화폐와 혼용해 사용되는 두 개의 단어, 돈과 통화의 차이를 잘 알지 못했다. 아마 지금도 주변의 지인과 가족 등에게 화폐, 돈, 통화의 차이를 설명해보라 한다면 명쾌하게 답변 가능한 사람은 드물 것이다. 과거 저자가 그러했고, 현재 내 주변의 많은 사람들이 아직도 그러하기 때문이다. 일상에서 대중은 사실 그 차이를 알 필요성을 느낄 일이 거의 없다. 그럼에도 불구하고, 현행 자본주의 경제체제에서 삶을 영위하고 있다면 자신의 자산과 부를 지키기 위해서, 자신이 삶을 영위하는 터전인 자국이 얼마만큼 경제적으로 건실한지를 가늠하기 위해서 화폐는 무엇이며, 돈 및 통화와 그것이 어떻게 차이를 가지는지에 대해 알아야 할 필요가 있다.

화폐는 사전적 의미로 상품 교환 가치의 척도가 되며 그것의 교환을 매개하는 일반화된 수단이고, 주화나 지폐, 은행권, 국채 등을 포괄하는 단어이다. Money와 Currency, Bill, Note, Banknote, Coin 등의 영단어는 모두 화폐라는 의미로 사용되고 있는데, 이는 화폐가 돈, 통화와 동일한 것이거나 포괄하는 것으로서의 단어임을 보여준다.

'돈은 무엇인가?' 사전적 의미에 의하면, 돈은 재화의 가치를 나타내며, 재화의 교환을 매개하고, 재산 축적의 수단으로도 사용되는 것이다. 현재 각국에서는 지폐나 동전, 디지털 코드 등의 법정통화를 해당국 내에서 돈으로 사용하지만, 국가의 성립 이전에는 짐승의 가죽이나 조가비, 농산물,

돌, 금속 따위를 돈으로 사용했었다. 그렇다면, '통화는 무엇인가?' 통화는 사회적 합의를 가진 한 국가 또는 연합된 국가들 내에서 유통 및 지불의 수단으로 기능하는 화폐/돈이며, 그 국가(들) 내에서 발행된 본위 화폐나 은행권, 보조 화폐, 정부 지폐, 예금 통화 따위가 해당된다.

화폐, 돈, 통화의 의미를 나름 살펴보았지만 솔직히 그 말이 그 말 같고 어렵다. 저자가 이해한 바로서 이들의 차이를 다시금 간단히 정리하자면 다음과 같다. 화폐와 돈은 큰 차이가 없는 것으로 보인다. 즉, 화폐와 돈은 국가 등의 특정 사회집단 내에서 법으로 정해진 물건이 법정통화로서 사용되는 것이 일반적이나, 그 특정 사회집단을 벗어난다 하더라도 인류라면 보편적으로 가치저장물이자 교환의 매개로서 인식되는 것이라 정의할 수 있다. 인류 역사에서 그 역할을 했던 화폐이자 돈은 금이 대표적이다. 통화는 화폐, 돈과 같이 재화의 가치를 나타내고 교환의 수단이 되지만, 국가 등의 특정 사회집단(혹은 연합된 사회집단) 내에서만 사용하도록 한계가 정해지며, 각국의 법정통화가 대표적이다.

국가란 특정사회에 소속된 우리는 현 시점에서 어떠한 재화를 사고 부를 축적할 수 있는 수단으로서 화폐, 돈, 통화의 차이를 별반 느낄 수 없다. 사실 느낄 필요도 없다. 다만, 자산이 그 특정사회를 벗어나야 하는 상황에 놓여있거나 현재 자신의 부를 미래로 넘겨야 하는 상황에서는 이들의 차이를 명확하게 느낄 수밖에 없다. 국가는 자신들의 사회를 유지하고 성장시키기 위해 팽창적인 경제를 선호하며 고수한다. 그리고 이를 위해서 국가는 자신들의 발권력을 적극 동원하는 경우가 대부분인데, 이 과정에서 필연적으로 해당국의 부채가 늘어남과 동시에 인플레이션이라는 현상이 발생하게 된다. 인플레이션은 통화량의 팽창에 따라 일반 대중이 화폐/돈이라 믿고 있는 법정통화의 가치가 떨어지고 이로써 재화의 가치는 상대적으로 계속 상승하여 우리의 실질적 소득이 감소하는 현상이다. 즉, 인플레이션은 물가가 오르는 현상이다. 여기까지는 국가가 발권력으로 법정통화를 계속 발행하기 때문이라는 것을 알고 있기에 이해가 쉽다.

그렇다면 국가의 부채는 왜 늘어나는가? 국가는 발권력을 가지고 있다고 하여 마음대로 기반자산 없이 법정화폐, 즉 자국의 통화를 마구 찍어낼 수 없다. 물론 그러한 국가도 없진 않겠으나, 일반적인 상황은 결코 아니다. 1971년 8월 15일 리처드 닉슨 미국 대통령에 의한 금태환 정지 선언으로 브레튼우즈 체제가 사실상 종료되기 이전까지 미국 달러는 물론 각국의 법정통화는 자국이 보유한 금의 수량에 기반하여 발행되었다. 브레튼우즈 체제에서 금 1온스(oz)당 고정된 미국 달러는 $35였다. 즉, 당시의 미국 정부는 금 1온스를 보유하고 있었다면 자국통화를 $35 이상 발행할 수 없었다. 그 외 국가들 역시 금이나 금태환된 미국 달러 없이 자국통화를 마구 찍어낼 수 없기는 마찬가지였다. 그러나 금태환 정지, 즉 브레튼우즈 체제가 사실상 종료되면서 미국과 각국 정부는 부채인 국채를 발행하고, 이 국채를 기반자산으로 하여 자국통화를 찍어내고 있다. 이 현상은 앞으로도 계속 될 것 같다.

법정통화의 본질을 잘 이해하고 있는 사람들은 그래서 발권된 법정통화를 일종의 국가부채의 증서라고 말한다. 그리고 법정통화의 양이 팽창할수록 국가부채에 대한 위험을 그들은 일반 대중보다 직관적으로 체감한다. 금태환 정지 이후의 시대에서는 현재 우리가 돈이자 화폐라고 믿고 사용하며 자산증식의 수단으로 저축도 하는 법정통화가 국가의 부채이기에, 사상누각처럼 자신이 소유·축적한 법정통화가 어느 순간 무너지고 사라져도 이상하지 않은 상황이다. 우리는 이미 경제가 몰락한(했던) 국가인 베네수엘라나 아프리카 및 아시아 지역의 몇몇 국가들에서 그 상황을 직접 목격한 바 있다.

투자를 진행하다 보면 투자구루들 중에 골드버그란 별명을 가진 이들을 접하게 된다. 골드버그(Goldbug)란 영단어 금(Gold)과 벌레(Bug)의 합성어로서, 투자업계 및 경제학자들 사이에서는 이를 '금신봉자'라는 의미로 사용한다. 즉, 금 이외에는 그 무엇도 믿을 만한 자산, 화폐/돈이 없다고 생각하는 이들이 바로 골드버그이다. 이들은 금을 인플레이션 시대에서 자신들의 부를 지키며 헤지(hedge)하는 자산으로 취급하고, 국가의 경계를 넘어서도 통용이 가능한 진짜 화폐이자 사운드 머니라고 주장한다. 매우 일리가 있는 주장이다. 저자 역시 개인적으로 동의하는 바이다. 금은 그 자체로서 가치의 저장수단이자 재화의 교환 매개체로서 지구상 존재하는 어느 곳에서도 대부분 사용 가능하기 때문이다.

2009년 1월 3일 비트코인이 출현했다. 이날 비트코인의 첫 번째 블록, 즉 제네시스 블록이 채굴되었고, 이로써 비트코인의 네트워크가 시작되었다. 물론, 이는 비트코인의 기술적인 출현을 의미하며, 사토시 나카모토(Satoshi Nakamoto)라는 익명의 창시자 혹은 단체에 의해 「Bitcoin: A Peer to Peer Electronic Cash System」 제목의 백서가 2008년 10월 31일 발표되면서 비트코인의 개념이 세상에 첫 소개되었다. 그 후로 비트코인은 몇 차례의 반감기를 거치며 커뮤니티 기반의 자체 생태계가 성장하고 단단해지면서, 비트맥시 및 비트코이너라 칭해지는 마치 골드버그와 비슷한 유형의 투자자들이 증가하기 시작했다.

이들은 한 목소리로 주장하는 바가 있는데, 그것은 바로 비트코인이야말로 전통적 사운드 머니인 금을 대체하는 'NEXT 사운드 머니'라는 것이다. 그 이유는 비트코인이 금이 가진 속성 대부분을 가지고 있을 뿐만 아니라 휴대의 용이성과 1개의 비트코인을 1억 개의 작은 단위(사토시 단위)로 나누어 사용 가능한 장점 등이 추가적으로 있기 때문이다. 게다가 2024년 11월 5일 치러진 미국 대선에서 재집권을 하게 된 도널드 트럼프 전 대통령의 가상화폐 관련 대선공약 중 하나인 '비트코인을 미국 정부의 전략적 비축 자산으로 지정하고, 향후 5년간 100만 개의 수량을 보유한다.'는 비트코인의 'NEXT 사운드 머니'로서 지위와 내러티브를 앞으로도 지속적으로 견고하게 할 것으로 전망하게 한다.

미국 달러, 과연 영원할까?

미국의 달러는 부채 증서(영수증)이다. 미국은 매년 더욱더 많은 부채를 발행하여 자국 경제를 성장·유지시키고 있는 국가이다. 미국이기에 가능한 일이다. 다른 국가들의 경우 부채를 계속 발생시켜 그 증서에 해당하는 법정통화를 지속적으로 발행한다면 인플레이션을 넘어 하이퍼인플레이션에 빠져들고, 결국 그 경제는 회복할 수 없는 수렁에 빠져 망하게 될 수밖에 없다.

미국은 주요 기축통화국이다. 달러를 수출한다. 미국이 호르무즈 해협에서의 자유항해작전 등 전 지구적인 군사작전을 수행하는 것에 대한 일종의 대가로 미국의 군사작전 수혜국가들은 매년 발행되는 미국채 상당량을 매입한다. 소위 우방국 및 전략적 동반자 국가들의 미국채 매입은 이러한 이유에서뿐만 아니라 대미 무역수지 흑자에 대한 대가이기도 하다. 지정학적 환경에 따라 미국채 최대 매입국가는 그때그때 달라지는 모습을 보인다. 일본, 사우디아라비아, 중국, 그리고 지금은 다시 일본이 미국채 최대 매입국가로서 입지를 다지고 있다. 또 어떻게 바뀔지는 모른다. 이는 미국과 각 국가들의 국제정세 변화 및 자국이익에 따라 변화한다.

미국 달러는 압도적 우위를 점하고 있는 세계 기축통화이다. 미국 달러의 발행은 금태환 정지 이후 오롯이 자국 국채에 기반하고 있다. 미국채의 발행 지속 가능성은 세계 각국의 미국 정치체제에 대한 신뢰, 미국 군사력의 강건함과 밀접한 상관관계를 가진다. 그렇기에 우방국과 전략적 동반자 국가들이 미국채를 글로벌 안전자산으로 인정하고 매입을 지속한다는 것은 미국 정치체제에 대한 신뢰와 군사력의 강건함이 아직 유지되고 있음을 의미한다. 하지만, 끝없이 지속되는 것은 세상에 그 무엇도 없다. 미국과 미국 달러 역시 예외일 수 없다.

미국 달러의 위기는 외부적 요인과 내부적 요인에서 언젠가 기인하여 발생될 가능성이 있다. 외부적 요인의 경우 미국의 국력 쇠퇴로 인한 외부 침공 등의 상황 발생일 것이고, 내부적 요인의 경우 이보다는 다양할 것이다. 미국 달러 위기의 내부적 요인은 미국 내 정치적 갈등 격화로 인한 내전 발생, 잘못된 방향으로의 국가 운영, 심각한 수준의 경제적 문제 발생 등이 해당될 수 있다. 이들 중에서 가장 현실화 가능한 문제는 심각한 수준의 경제적 문제 발생이다.

실제로 미국은 자국 경제를 성장·유지시키기 위해 매년 더욱더 많은 부채를 발생시키고 있다. 2020년 코로나 팬데믹 이후에는 고압통화정책이라 불리는 정부 주도의 현금 살포 정책으로 고인플레이션 부작용이 발생해 정책기준금리를 급격히 높인 바 있고 국가 부채 역시 급격하게 늘어나, 미국 정부는 과도한 재정 부담을 안고 있는 상황이다. 이러한 상황은 하루 이틀의 일이 아니다. 장기간 발생하고 유지되어 온 일이다. 몇몇 전문가들의 말을 빌리자면, 미국은 국가부채에 대한 이자부담비용이 연간

국방비를 넘어서면 그 순간부터 국가적 위기가 초래될 수 있다.

2020년 코로나 팬데믹 이후 미국은 그 위험한 상황이 발생했다고 전문가들 사이에서 꾸준히 제기되고 있다. 위기의식을 느낀 미국이 이에 대한 대처를 잘하여 일시적 혹은 일정 기간 해결될 수는 있다. 다만, 금태환 정지 이후의 자본주의체제에서는 경제의 성장과 유지를 위해 통화팽창이라는 달콤한 마약을 끊기가 어렵다. 그렇기에 미국 달러의 위기는 근본적인 처방 없이는 현재도, 앞으로도 계속 제기될 수밖에 없다.

금태환을 다시 시행해야 한다는 일각의 목소리도 있다. 다만, 이는 여러모로 문제가 있어 실질적인 시행이 어렵다. 그렇다면 미국채 기반의 달러 발행을 보완해줄 무엇인가가 있다면 어느 정도 근본적인 미국 달러의 위기 해결이 가능하다. 금태환 시절의 금과 비슷하면서도 더욱 향상된 역할을 해줄 무엇! 아마도 그래서 비트맥시 및 비트코이너, 비트코인에 대한 이해가 깊은 경제학자들 사이에서는 미국채의 보완 기반자산으로서 비트코인을 미국 정부가 매입해 보유해야 한다고 말하는지도 모르겠다. 그들의 말처럼 비트코인은 쇠락하는 달러를 대체하는 것이 아닌 상보적인 관계가 될 수 있을지 모른다. 다만, 실제 그렇게 될 것인지는 미지수이다.

2부

삶의 투자

1.

꿈을 향해 내달리다

저는 한때 꿈을 좇아 살았습니다

"너는 그런데 왜 박사가 된 거야?"

오랜 지인 몇몇은 나에게 간혹 이런 질문을 한다. 학창시절의 저자는 공부를 잘하던 학생이 아니었다. 매년 명절마다 모이는 아버지 형제의 자녀들, 내 또래의 4촌 형제들 중에서도 학업성취가 언제나 뒤처져 부모님께 자주 실망을 안겨드리던 아들이었다. 직장과 사회에서도, 게다가 모든 학창시절에도 항상 선두권을 놓지 않았던, 그것을 위해 매일을 밤잠 줄이며 노력해 성취하던 아버지에게는 더욱이 부족한 아들일 수밖에 없었다.

그래서였을까? 어린 시절부터 삼촌이라 부르기도 했던 아버지의 지인들 중에는 저자에게 "아버지는 훌륭한데 아들인 너는 왜 그러느냐?"라는 말을 하던 이들이 있었다. 뿐만 아니라 아버지의 이력을 알고 있었던 중등학교 재학 시절의 담임교사들, 저자가 20대 초반 마주했던 육군의 사관후보생 선발면접관인 장교들로부터도 이와 같은 말들을 듣곤 했다. 그 당시 저자로서는 분명 섭섭하고 불편하게 듣고 있었지만, 맞는 말이었기에 반박하거나 화를 낼 수 없었다.

2012년 가을의 어느 날로 기억한다. 기억을 더듬자면, 당시 저자는 박사과정 2년 차였다. 연구실에서 실험데이터를 정리·분석하며 국제 학술 저널에 논문 투고를 위한 원고를 작성하던 중 전화벨이 울렸다. 내 전화기에 저장되지 않은 번호였다. 전화를 받아보니 고등학교 3학년 시절의 담임교사였다. 2000년 2월 고등학교 졸업을 하고 2~3년쯤 지나 동창 2명과 스승의 날을 맞이하여 한차례 찾아뵌 적은 있지만, 그 후로는 연락이 없었던 분이었다. 그러니 거의 10년이 지나 내게 연락을 주신 것이었다.

반가운 마음이 앞섰다. 잠시 서로의 간단한 안부를 묻고, 담임교사였던 선생님은 저자에게 연락한 목적을 말했다. 의사가 된 3명의 같은 반 졸업생과 소문으로 듣기에 편입을 하여 약사가 되었다는 2명의 친구들, 그 외에도 굴지의 대기업 및 공공기관에서 직장인으로 자리를 잡은 졸업생, 그들의 근황과 연락처를 저자에게서 알아내기 위함이었다. 저자와 친한 이들도 있었으나 그렇지 않은 친구들도 분명 있었다. 그들의 근황은 다행히도 대략 알음알음으로 알고 있었으나, 연락처까지 가지고 있지는 않았다. 물론, 그 친구들의 연락처를 알고자 한다면 찾아볼 방법은 있었다.

이상했다. 학창시절 전교 상위권 성적의 학생들 근황과 연락처를 저자에게 물어보려 전화를 했다는 사실 자체가 나로서는 의아하기만 했다. 담임교사였던 선생님은 내가 중간 이하의 성적을 가져, 그래서 그들과는 학창시절 어느 정도 거리가 있을 수밖에 없었던 사실을 누구보다 잘 알고 있었기 때문이다. 그래서 그 연유를 물어보니, 저자와 친구 1명은 고등학교 졸업 후 D포털사이트에 'ㅇㅇ고등학교 졸업생 동문모임' 카페를 개설해 운영한 적이 있다. 이 사실을 어떻게 접하고서는 저자에게 연락을 주었던 것이다. 결론적으로, 그 전화통화에서 선생님께 필요한 답변을 모두 드리지는 못했다. 시간이 좀 걸리더라도 알아봐드리겠다고 하니 선생님은 괜찮다는 말을 하였고, 우리는 다른 이야기를 잠시 나누었다.

그런데 의사, 약사 등 졸업생 친구들만의 근황과 연락처를 물었던 것이 저자는 못내 마음에 걸렸다. 조심스럽게 담임교사께 여쭈었더니, 멋쩍어하며 답했다. 고등학생 시절 교감 선생님이 주도하여 총동문회를 결성하려 하는데, 1회 졸업생 중 누구나 사회적으로 성공했다 생각할만한 직업의 아이들을 수소문하라는 명이 있었다고 했다. 그래서 그 성공한 소수의 친구들 근황과 연락처가 필요해 전화를 주었다고 말했다. 담임교사 본인도 직장상사가 그렇게 지시하여 내게 전화하긴 했어도, 나름 부끄러움을 가졌던 것 같다. 이내, 저자와 당시 친하게 지냈던 이들이 있는지를 물어보고 그들의 근황도 물었다.

담임교사: "우준이는 지금 어디서 뭐하고 있니? 나이가 이제 서른이 넘었는데 혹시 결혼은 했고?"

나: "아니요. 결혼 못 했어요. 군에서 전역을 한지도 얼마 되지 않았고요."

담임교사: "군에서 전역한 지 얼마 안 되었다고? 뭐 하느라 군대를 그렇게 늦게 다녀왔니?

나: "병사로 군에 다녀온 게 아니라서요. 장교로 7년 조금 안 되게 복무했어요. 김필재(가명) 아시죠? 육군사관학교 재수해서 들어갔던 친구요. 필재는 몇 년 전 대위 진급자 교육기관에서 만나기도 했어요."

담임교사: "우준이가 장교로 대위까지 있었구나. 장하다. 그래서 지금은 어디서 뭘 하고 있니? 취업해서 회사 다니는 거니?"

나: "지금 K대학에서 박사과정 진행하고 있고요. 서울 홍릉에 위치한 국책연구기관인 K과학기술연구원에서 박사과정 연수생연구원으로 지내고 있어요. 참! 송재호(가명) 아시죠? Y대학교에 갔던 목사 아들이요. 그 친구도 모교에서 박사과정 진행하면서, 저랑 같은 연구원에서 지내고 있어요. 같은 건물을 사용하고 있어서 종종 만나고 있어요."

담임교사: "우준이 네가 K대학 박사를 한다고? 게다가 K연구원에 있고? 선생님이 알고 있는 그 서울에 있는 유명한 그곳들 거기 말하는 것

이 맞니? 공부 잘했던 송재호랑 그래서 같은 곳에 있다고?"

나: "네, 그렇게 되었어요."

담임교사: "우준이 네가 어떻게 그곳들을 가서 있니? 너 고등학교 졸업하고 정말 열심히 지냈구나."

나이 22세의 마지막을 향해가던 겨울, 이 시기에 저자는 인생의 목적, 목표를 세웠다. 이전에도 매년 정례행사처럼 저자는 큰 도화지에 인생 계획을 작성·수정하는 일을 했었다. 그때 저자는 '몇 년 후에는 어떤 사람이 되어 있을 거야!'라는 구체적인 인생 목표를 가지고 있다 생각했었다. 이전의 그것은 단지 그럴듯한 직장에서 어떠한 지위를 가지고 싶다는 열망일 뿐이었다. 게다가 인생의 목적이라는 것은 그중에 없었고, 목표를 목적과 동일시하기까지 했었다.

인생의 목표: 정치가가 되자. 구체적으로는 광역시장이나 도지사가 되자.

인생의 목적: 궁극적인 행복이다. 이는 나와 내 주변이 행복해지면 가능한 일이다. **필요한 곳마다 도움의 손길이 뻗어있고 그 손길이 오래 머무를 수 있도록 하면 적어도 불행은 막을 수 있다.** 그렇게 내 주변, 내 사회가 불행하지 않게 된다면 **나는 그 과정에서도, 결과적으로도 행복한 사람이 될 수 있다.**

이 목적과 목표를 세운 후, 저자는 어떻게든 실천, 달성하기 위해서 치열한 삶을 살아왔다. 더욱 치열한 삶들이 분명 존재하겠으나, 마흔이 넘은 지금 인생 전반을 돌이켜보면, 저자의 삶은 시간이 지나면 어떻게든 되겠지 식의 그러한 삶이 결코 아니었다. 매년, 매월, 매 순간 22세의 나이에 세운 이 목적과 목표를 위해 단기 목표들을 수없이 설정했고, 그것들을 달성하기 위해 시도하고 또 시도했다. 번번이 실패를 맛보기도 했다, 재차 또 재차 도전해 실패를 경험하면, 차선의 길, 즉 우회하는 길을 어떻게든 찾아내 그 길을 갔다. "그런데 왜 저자는 이러한 인생의 목적과 목표를 세우고 삶을 살아내고 있는가? 22세 시절의 저자에게는 무슨 일이 있었던 것일까?" 이쯤 되면 누구든 이 같은 물음을 가질 수밖에 없을 것이다.

22세의 저자는 대학교 3학년 학생이었다. 그해 여름 7월 재학 중이던 대학의 필리핀 소재 자매결연 학교의 교환학생인 어학연수 학생으로 선발되었다. 단과대학별로 1~2명 정도만 선발하여 10여 명의 해외 어학연수단을 학교 측에서는 구성하였고, 소요비용의 일부는 학교 측에서 나머지 일부는 학생이 부담했다. 이는 대학에서 학생들에게 지원하는 큰 기회이자 혜택이었다. 게다가 어학연수 전 과정을 마치고 귀국하면 대학 측은 2학점을 교양과목 이수로 인정까지 해주었다. 애초 북미 지역의 대학을 희망했지만, 비용과 경쟁률 등의 문제를 고려할 때 당시 저자에게는 필리핀으로 지원하는 것이 가장 현실적이었다. 저자는 필리핀의 그 프로그램에 지원했고 선발되었다.

필리핀으로 함께 연수를 떠나게 될 이들은 당시 저자 또래였다. 예비역 복학생인 체육대학 소속 형 1명, 공과대학 소속 형 1명, 인문대학과 사회과학대학 소속 누나 2명을 제외하고는 저자와 동갑 또는 1~3세 어린 타과 후배들이었다. 필리핀의 어학연수 기간은 공식적으로 1개월이었으나, 본인 선택에 따라 1~2개월을 더 체류할 수 있었다. 한국으로 귀국일은 이러한 이유로 모두 같지는 않았지만, 1개월 동안은 필리핀의 중소도시 일로일로시(Iloilo city)에서 함께 지내야 했다.

언론매체의 해외 뉴스를 접하면 필리핀은 현재까지 외국인들이 자유롭게 여행하며 돌아다니기에 다소 위험한 지역으로 구분되는 것 같다. 저자가 어학연수를 위해 필리핀에 체류하던 당시에는 더욱 위험했다. 외국인 대상의 총기 강도 뉴스도 적지 않았고, 필리핀에 체류하는 동안 필수로 알고 있어야 할 안전수칙도 존재했다. 더구나 그 당시 수도 마닐라에서는 군부 쿠데타도 일어나 일시적으로 국제공항 등이 폐쇄되기도 했었다. 우리는 현지 홈스테이 가정 기준 몇 개의 팀으로 구성되어 필리핀의 자매결연대학으로 등·하교를 했으며, 쇼핑이나 관광 시에도 일정을 맞추어 다녔다.

체육대학 소속 예비역 복학생 형인 김철수(가명), 공과대학 소속 예비역 복학생 형인 유동근(가명), 사회과학대학 소속 1세 동생 여학생들인 이아름(가명)과 고양희(가명), 자연과학대학 소속 저자는 필리핀에서 많은 날들을 함께 다녔다. 공교롭게도 저자와 이아름을 제외한 나머지 인원들은 연애 중이거나 결혼이 계획되어 있었다. 첫눈에 반할 외모를 가지진 않았지만, 1개월 동안을 필리핀에서 함께 지내며 좋은 기억들을 공유했기에 저자는 이아름에게 마음을 주었다. 좋아하게 되었다. 귀국한 후 우리는 같은 수업을 수강했고, 점심과 저녁식사도 함께 여러 차례 했다. 그렇게 지내면서 이아름을 향한 저자의 마음은 더욱 커졌다.

귀국한지도 몇 개월이 지났다. 겨울의 초입 어느 날, 저자는 제1학생회관 앞에서 이아름과 만나기로 약속을 했다. 그날은 학교 근처 맛집에서 저녁 식사를 하며, 선물을 주고 "좋아한다, 교제하고 싶다." 고백하려 준비도 했다. 장미꽃과 겨울용 스웨터를 예쁘게 포장해 들고서 저자는 그 겨울 약속 장소에서 그 아이를 기다렸다. 약속된 시간이 되어 그 아이는 내가 있는 곳으로 왔다. 다만, 내 모습을 보는 순간 멈칫하는 행동을 보였다. 그리곤 내게 다가와서 했던 말, "오빠, 이거 뭐예요?" 당시 나는 답했다. "너 주려고 샀어."

"오빠, 혹시 저 좋아해요? 저 좋아하지 말아요. 좋아하는 사람이 있어요."

그때의 저자는 아무 말도 할 수가 없었다. 그 모습을 보며 이아름은 저자에게 말했다.

"혹시나 해서 말하는데요. 저 기다릴 생각 하지 말아요. 10번 찍어 안 넘어가는 나무 없다는 말 있는데, 저는 오빠한테 천 번 이상 찍혀도 넘어갈 일 없으니 다른 여자 만나요. 오빠 착한 사람이니까, 좋은 사람 만날 수 있을 거예요."

그때 이아름을 그대로 돌려보내면 애써 준비했던 선물인 스웨터와 장미꽃은 휴지통에 버려질 것 같았다. 그래서 저자는 다시는 고백 안하겠다, 앞으로 불편한 일 만들지도 않겠다고 말했다. 다만, 준비한 선물과 꽃은 가져가라고 부탁했다. "버리기 아까우니까…"라는 다소 구차한 말을 건네면서 말이다. 첫 짝사랑은 그렇게 싱거운 짝사랑으로 끝났다.

마음에 상처를 받아서였을까? 저자는 그 후로 매일같이 가슴이 답답했다. 아니, 아팠다. 그녀 생각을 안 하려 했지만, 그게 생각처럼 쉽진 않았다. 한 달을 그렇게 지냈다. 그때는 기말고사 기간이었다. 저자는 시험공부에 집중해 이아름 생각을 잊자고 다짐했고, 다행히 결과가 좋았다. 전 과목 좋은 성적을 거둘 수 있었다. 이후 저자는 겨울방학을 맞게 되었다.

별생각 없이 TV를 켜놓았다. 연말 불우 이웃돕기 성금 모금 방송이 나오고 있었다. TV 속 진행자는 시청자들을 향해 말했다. "지금 바로 사랑을 필요로 하는 곳으로 가주세요. 여러분의 사랑이 필요한 이들이 우리 주변에는 많습니다."

마치 나에게 말하는 것 같았다. 무엇인가에 홀린 사람처럼 저자는 한참을 인터넷 검색으로 주변의 복지기관들을 찾았다. 연락처 몇 곳을 찾을 수 있었고, 저자는 전화를 돌렸다. 그곳 담당자들에게 봉사활동을 원한다고 말했다. 다만, 내게 돌아온 답변은 정중한 거절뿐이었다.

나중에 알게 되었다. 고아원의 아이들은 사람에 대한 정을 필요로 하기에 봉사한단 이유로 누군가 그곳에 단기간 아이들과 관계를 맺으며 지내다 떠나게 되면, 그 아이들은 부모 외의 다른 사람에게마저 다시 버려졌다는 생각을 할 수밖에 없다고 복지기관의 담당자들은 말했다. 남겨짐에 대한 누구보다 큰 아픔을 경험한 아이들이 바로 고아원에서 보살핌을 받는 아이들이다. 그렇기에 어떠한 사정에서든 봉사활동을 원한다며 연락하는 이들에게 신중해질 수밖에 없다고 그들은 말했다.

거절만 받다 J복지원(고아원)에서 연락이 왔다. 좀 길게 인연을 가져가면서 진심으로 봉사를 하기 원한다면 한번 자신들의 시설로 찾아와달라고 했다. 기관장인 원장과 유아반 담당교사 한 분이 저자를 맞아 주었고, 사무실에서 한 시간 정도를 면담했다. 다행히 저자는 매 주말 남자유아반 아이들의 학습 봉사를 허가받았다.

저자는 대학 졸업 후 바로 육군 간부양성교육기관에 사관후보생으로 입교(입대)가 예정돼 있었고, 그러한 탓에 J복지원에서의 교육 봉사는 햇수로 2년이 채 안 되었다. 그곳과의 인연을 계속 이어가고 싶었다. 그래서 저자는 소액이지만 정기후원을 통해 그 당시부터 현재까지 20여 년 동안 인연을 이어가고 있다.

첫 짝사랑이 단지 짝사랑으로 끝나버림에 대한 아픔을 잊으려, 아니 위안을 받고자 문을 두드렸던 곳이었다. 저자의 당시 봉사활동 의도는 좋지 않았다. 불순했다. 그럼에도 불구하고 J복지원에서 아이들과 함께 지내면서 저자는 어떠한 경험을 하게 되었고 그로 인해 여러 생각과 고민을 할 기회를 가질 수 있었다. '돕고 싶다.'는 생각이 내 머릿속을 가득 채웠다. '내가 무엇을 해야(어떠한 삶을 살아야) 이들에게 지속 가능하고 실질적인 도움을 줄 수 있을까?'에 대한 질문을 매일 나 자신에게 했다. 그 답은 명료하게 두 가지로 정리되었다.

하나, '엄청난 자산을 소유한 큰 부자가 되자.'

하나, '사회의 한 분야에서 큰 성공을 이루고 정치가가 되자.'

저자는 왜 큰 부자가 되거나 정치가가 되고자 생각했는가? 큰 부자가 되면 많은 이들에게 지속적인 후원이 가능해질 것이고, 정치가가 되면 법·제도를 신설하거나 개정해 시스템적으로 지속 가능한 도움을 주는 것이 가능한 위치가 된다고 판단했기 때문이다.

현대그룹 창업주인 故 정주영 회장과 삼성그룹 창업주인 故 이병철 회장처럼 큰 부자가 되는 방법은 전혀 감을 잡을 수가 없었다. 설령 그 방법을 누군가 알려준다 하더라도 나로서는 실현 가능성이 낮을 것이라 생각했다. 한편, 시/도지사나 국회의원 등의 정치가가 되는 일은 나름 한번 해볼 만한 승산이 있는 도전처럼 느껴졌다. 저자는 그래서 후자의 길을 삶의 장기적 목표로 정하고 삶을 살아왔다.

전문성을 갖춘 군 장교로 성장해 사관학교의 교수가 되고, 훗날에는 준장급 이상의 장군으로 전역한 이후 정치가의 길을 가는 것이 구체화한 나의 목표이자 장기적인 계획이었다. 저자는 실제로 육군 장교로서 비교적 오랫동안 군복무를 마친 후 예비역 소령이 되었고, 대학원에 진학하여 학업도 이어갔다.

손에 잡힐 것 같으면서 잡히지는 않았다. 내 개인의 역량이 부족한 탓도 있었고, 소위 운이라는 것이 나의 편이 되어주지 않았던 이유도 있었다. 실패가 언제나 나를 기다리고 있었고, 결국 실패하면 우회로를 찾아야만 했다. 그렇게 실패와 우회, 또 실패와 우회를 통해 현재의 내 모습이 되었다. 한동안 매년 생계 걱정으로 살았다. 그 탓에 20대 시절 가슴에 품었던 삶의 목적과 목표를 한참 잊고 있었다.

그러나 잊고 있었을 뿐이다. 삶의 목적과 목표를 잃지는 않았다. J복지원에서 가지게 된 꿈을 실현하기 위해 좋지도 않은 머리를 쥐어짜면서 또 지도교수의 면박을 종종 견뎌가면서 양질의 연구실적을 다수 내었고 박사학위를 취득했다. 전문가로서 사회에 드러내 보이기 위해 매년 1~2권의 책을 꾸준히 집필했고, 기타 과외활동도 적극 해왔다. 군 장교로서의 생활 역시 그러했다. 다소 모자란 체력을 지녔었지만, 군에서 저자에게 부여한 임무는 결국 완수했고, 그에 대한 유공으로 각종 표창을 수상하기도 했다. 다만, 누군가의 말처럼 인생은 뜻대로 이루어지지 않았다.

저자는 최대의 노력을 했고 혁혁한 성취들을 보였다. 그럼에도 불구하고, 저자는 고질적인 생계 걱정에서 헤어나지 못했다. 정치가로서 사랑이 필요한 곳에 사랑을 전하겠다는 꿈을 좇아 행복하고 의미 있는 삶을 그리던 나의 모습은 어두운 그림자에 어느새 덮여 있었다. 한동안 거울을 보면 슬펐다. 제대로 이룬 것은 없고, 밥벌이에만 매달리는 한심한 남자가 늘 내 앞에 서 있었기 때문이다.

누군가의 이 질문, "너는 그런데 왜 박사가 된 거야?"
이에 대한 저자의 답변, "저는 한때 꿈을 좇아 살았습니다."

더 이상 두 번은 하지 말자!

2002년 한여름 햇살이 꽤나 강렬했던 어느 날, 저자는 재학 중이던 대학교의 대운동장에서 실시된 예비사관후보생 선발 목적 체력검정에 참가했다. 육군 현역 간부와 동일한 기준의 체력검정 평가표가 적용되었고, 윗몸일으키기와 팔굽혀펴기, 1.5km 달리기 이렇게 3가지가 필수종목이었다.

1990년대 저자가 고등학생 시절 지냈던 동네는 또래의 아이들이 이상하리만큼 운동과 몸만들기에 집착을 했었다. 나 역시 그러한 분위기의 영향을 받아 학창시절 내내 웨이트트레이닝 체육관에 관원으로 가입하고서 거의 매일을 운동했었다. 특히, 팔과 어깨, 등의 근육과 복근 만들기에 집중했었다.

그 덕이 꽤나 컸다. 저자는 당시 3가지의 체력검정 필수종목 중 윗몸일
으키기와 팔굽혀펴기는 체력검정 평가표 기준 최상위 등급을 받을 수 있
었다. 다만, 문제는 강한 지구력과 하체부의 체력 등이 중요한 1.5km 달
리기였다. 오래전 일이라 내 기억이 조금 다를 수 있겠으나, 그 달리기 역
시 완주시간에 따라 등급이 달랐고, 탈락을 면하기 위해서는 최하등급인
7분대 이내로 완주해야만 했다.

소령 계급의 선발 담당 장교 통제에 맞추어 지원자들은 출발선에 맞추
어 섰다. 그리고 그 장교의 신호탄이 울림과 동시에 모든 지원자들은 각자
의 속도를 유지하며 달리기 시작했다. 운동장 전체를 4바퀴 조금 못되도
록 돌아야만 했다. 저자는 3바퀴째 돌면서부터 체력의 급격한 저하와 미
칠 듯이 차오르던 가쁜 숨, 하체의 힘이 빠지는 느낌을 느끼기 시작했다.
그럼에도 불구하고 저자는 하늘을 올려다보며 이를 악물고 남은 거리를
내달렸다. 결승선에 도착하기 얼마 앞두고 선발 담당 장교의 호루라기 소
리가 들렸다. 제한된 시간이 다 지났던 것이다.

저자는 호루라기 소리가 들리기 전 결승선에 도착하지 못했기 때문에
이미 탈락한 상태가 되었지만, 남은 거리를 마저 달려가 도착했다. 장교
는 땡볕에 탈진하는 인원이 생길까봐 그늘에 모여 쉬기를 명령했다. 시원
한 생수도 함께 나온 병사를 통해서 각 인원에게 건네주었다. 5분 정도 지
나 장교는 재평가 기회를 주고자 하니 1.5km를 다시 달릴 지원자를 받

겠다고 말했다. 탈락자들 중 몇몇은 더 지원하지 않겠다며 자리를 나섰다. 저자는 꼭 장교로 복무해야 한다는 목표가 있었기에 재평가 지원 의사를 밝혔고, 그 장교는 접수해주었다. 10분 정도 더 휴식을 가진 후 저자는 1.5km를 다시 달렸다. 다만, 결과는 바뀌지 않았다. 또 탈락한 것이다.

저자는 당시 이대로 끝나버리면 절대 안 된다는 생각이 머릿속에 가득했다. 바로 선발 담당 장교에게 달려갔고, 딱 한 번만 더 기회를 달라고 했다. 그 장교는 안 된다는 답변을 내게 주었고, 이미 3km를 연이어 달린 상태에 태양도 워낙 강하여 건강에 문제가 될 수 있다 말했다. 나는 어떻게 안 되겠느냐, 꼭 합격해야만 한다며 부탁을 했다. 잠시 후 선발 담당 장교는 자신의 상급지휘관에게 전화를 걸었고, 안전에 각별히 유의해 한 번만 더 기회를 내게 주어도 된다는 허가를 득했다.

장교는 저자에게 충분히 휴식을 취한 상태에서 준비가 되면 자신에게 말하라고 했다. 그렇게 10분을 더 쉬었다. 그리고 준비가 되었음을 그에게 말했다. 솔직히 온 몸에 체력이 남아있지 않았다. 나 홀로 출발선에 섰고 신호탄 소리를 기다렸다. 이내 신호탄은 울렸고, 나는 이를 악물고 남은 체력을 최대한 끌어 모아 달렸다. 한 바퀴, 두 바퀴, 세 바퀴, (……아, 나 해낼 수 있을까 하는 생각만 들었다.) 그리고 마지막 바퀴. 결승선에 도착했다. 그때까지 호루라기 소리는 울리지 않았다. 선발 담당 장교는 내가 결승선을 넘는 그 순간 "7분 00초! 차우준 지원자, 합격!"이라고 외쳤다.

이미 내 몸이 아닌 것 같았다. 당시의 내 몸/체력 상태로는 결승선을 밟

자마자 주저앉았어야 했지만, 그대로 털썩 앉아버리면 정말 쓰러져 버릴 것만 같다는 느낌이 들었다. 그래서 약 50m 정도를 지금까지 달려온 속도를 조금씩 낮추며 더 달렸다. 그리고는 멈춰 자리에 털썩 앉았다. 소령 장교는 철수 및 복귀 준비를 자신의 병력들에게 지시한 후, 내게로 다가왔다. 내 어깨를 툭 치면서 이렇게 말했다.

"이렇게 합격할 거, 애초 처음에 합격했으면 얼마나 좋아. 그래도 잘했어. 의지 하난 인정한다. 다만, 지금 같은 달리기 체력이면 예비사관후보생 합격하고 나중에 군사교육을 받을 때 문제가 될 수 있으니 꼭 체력을 더욱 향상하길 바란다."

소령 장교는 잠시 후 떠났다. 저자는 그 자리에 더 앉아 있었다. 잠시 후 나도 모르게 잔잔한 웃음이 입가로 흘러나왔다. 기분이 몹시 좋았다. 다만, 앞으로 어떻게 체력을 향상시킬 것인지에 대한 고민도 생기기 시작했고, 이와 더불어 이런 생각이 들었다.

'왜 나는 어떠한 것을 얻기 위해서 매번 두 번 이상 지원하게 되고 그로써 두 배, 세 배의 힘을 들여야 하는 것일까? 지금까지를 돌이켜 보면 결국은 해냈잖아. 두 번째, 세 번째 해냈다는 문제만 있을 뿐이지. 대학 진학도, ○○자격증 취득도, 지금의 이 예비사관후보생 선발용 체력검정도. 어차피 되는 것이라면 다시는 두 번째, 세 번째가 아닌 첫 번째 기회에 이루자. 인생을 항상 재수로 살고 싶지 않아. 그건 내 인생에 좋지 않은 일이 될 테니까.'

사관후보생 시절: 유격-생존훈련

"우준아, 잘 지내지? 오랜만이다! 네이버에 네가 나오네! 사회적으로 활발히 활동하고 있구나. 오랫동안 군 생활하고 사회에서 성공하기 힘든 일인데 정말 대단하다. 트위터(현 X)에서 'Dr.차우준'이라는 분이 쓴 글도 최근 들어 읽고 있는데 왠지 네가 아닌가 싶기도 하네. 아무튼 몸 건강히 잘 지내라!"

2024년 5월 31일, 회사 사무실에서 한참을 정신없이 일 하던 중 이러한 쪽지가 저자의 카카오톡 메신저로 도착했다. 경북 영천 소재 육군 간부양성교육기관에서 20대 중반 수개월간 사관후보생과정을 저자와 함께한 장교단 동기인 이승진(가명)이 저자에게 보내온 연락이었다. 새로운 직장을 구해 K지방으로 내려오기 2~3년 전쯤 인천 부평 지역에서 한 차례 저녁식사 겸 만났던 이후로는 만남이나 연락이 전무했으니 이승진은 약 10년에 가까운 기간 동안 잊고 지냈던 동기였다.

저자는 1982년도 출생자이며, 1~2월 중에 태어났기에 소위 '빠른 생'이라 불린다. 지금은 초등학교에 입학하는 시기가 1월로 맞추어져 있어 빠른 생이라는 개념 없이 동일한 나이의 아이들끼리 각 학급을 이루고 있다는 말을 주변에서 아이들을 키우는 지인 몇몇을 통해 들은 바 있다. 저자가 학교를 다니던 시기에는 그렇지 않았다. 초등학교(당시 국민학교)는 매년 2월말 또는 3월초에 입학식을 진행했고, 이러한 이유로 빠른 생 아이들은 자신들보다 한해 먼저 태어난 아이들과 함께 입학하여 동급생으로 지낼 수 있었다. 82년도 빠른 생(1~2월)인 저자의 경우에는 81년도 (3~12월) 출생자들과 동급생이었고, 81년도 빠른 생(1~2월)은 80년도 (3~12월) 출생자들과 동급생이었다. 그래서 저자는 88서울올림픽이 개최되었던 해에 초등학교를 입학했고, 그 당시 올림픽 개막식 행사에서 굴렁쇠를 굴리며 입장했던 '굴렁쇠 소년'과 동년배이기도 하다.

유년기 저자는 부친의 직장 발령지로 인해 북한으로부터 멀지 않은 섬인 강화도의 한 마을에서 살았다. 강화도는 대한민국 수도인 서울과 그 인접한 대도시인 인천으로부터도 가까운 곳이었지만, 저자의 어린 시절 혹은 그 이전까지 대남간첩이 썰물 시간대에 남파하던 지역 그리고 대량의 삐라가 왕왕 살포되던 지역이었다. 그래서 저자의 강화도 생활 시절에는 군복 입은 사람들과 경찰을 늘 보았고, 해병대와 방첩부대, 정보부대, 대북선전부대, 안기부 등의 일반 국민들이 다소 두려움을 가질 수밖에 없던 군·국가기관이 밀집해 있다는 동네 어른들의 말도 심심치 않게 듣고 했었다.

강화도는 오랜 역사를 지닌 곳이기도 하고, 바다와 어우러진 섬마을 전경이 아름다운 곳이기도 하며, 무속적인 곳이기도 하다. 한편, 강화도는 '군' 단위의 지역이긴 했지만 주민(군민)들이 모여 사는 동네는 다소 한정되어 있었다. 강화도에 사는 사람들끼리는 대부분 한두 관계를 건너 물으면 누구인지 알 수밖에 없는 인간관계를 맺었고, 특히 읍내 주민들의 경우에는 더욱이 그러했다.

　상당수의 작은 섬마을 아이들이 그러하듯 저자 역시 마을의 이웃 아이들과 싫든 좋든 내 선택의 여지가 없이 항상 어울리며 끈끈하게 지냈다. 저자는 동네의 형들을 따라다니며, 친구들은 내 곁에서 함께하고, 동네의 동생들은 나와 친구들 뒤를 따라다녔다. 아이들뿐만이 아닌 동네의 어른들 역시 그러했다. 서로 형님아우, 언니동생이라 칭하며 서로 챙길 일이 있을 때는 그렇게 하며 지냈다. 아이들이나 어른들이나 서로의 관계맺음이라는 것이 별반 다르지 않은 동네가 바로 저자의 유년기 강화도였다.

　그런데 옆집 살던 초등학교 1년 후배인 김길선(가명)이란 녀석은 어린 시절의 저자를 거의 매일 스트레스 받게 했다. 그 녀석은 학교에서 마주치면 한 학년 후배였음에도 저자에게 "야!", "우준아!"라며 반말을 했고, 내 친구들에게는 꼬박 "형."이라고 불렀다. 그렇기에 저자는 강화도에서 지낸 학창시절 꽤나 애를 먹었다.

　아마도 그 당시의 김길선에 대한 경험은 저자에게 있어 나이에 대한 강박을 가지게 했던 것 같다. 저자는 더구나 1999년 겨울 응시했던 대학수학능력시험에서 부족한 성적을 거두게 되었으며, 재수생이라는 부득이한 선택을 할 수밖에 없었다. 그렇게 1년 늦게 대학교에 입학했고, 사관후보생으로서 경북 영천 소재 육군 간부양성교육기관의 입교 역시 대부분의 동기들보다 한 살이 많은 상황이었다.

대학생 시절 몇 시간에 걸쳐 검사를 받았던 저자의 MBTI 결과는 'ISTJ'였다. 내향적인 I의 특성을 오롯이 가졌던 저자였으며, 그 당시에는 활발하지 못한 대인관계를 가져 좋지 못한 성격의 소유자였다. 40대를 넘어선 지금은 MBTI 검사결과가 'ENTJ'이다.

얼마 전 부산에서 만난 대학원 시절의 선배와 저녁식사 자리를 가지면서 MBTI에 대한 이야기도 나누었는데, 그때 선배는 저자에게 "야, 너는 대학원 시절 활동들 생각하면 여지없이 'E'야. 넌 'I'가 아니야."라고 말했다. 외향적인 성격이 환경적으로 숨겨져 있던 것인지, 아니면 30대 이후 성격에 변화가 온 것인지 확인할 길은 없다. 다만 저자가 말하고 싶은 것은, 20대의 사관후보생 입교 당시 동기들과 첫 만남에서 먼저 다가가지 않았고, 이러한 행동의 결과로 초기 적응에 어려움이 있었다.

5훈육대 3소대 263번 후보생, 이것이 사관후보생으로서 저자의 신분이었다. 저자가 속한 훈육대에는 한 살부터 세 살 더 나이가 많은 형인 동기들이 있었다. 나이 어린 동기들보다는 나보다 나이가 많은 형인 동기들에게 다가가는 것이 당시에는 부담이 없었다. 저자 스스로는 한 살 위인 형이라고 생각하고 있는데, 나이 어린 동기들은 그러한 인식(배려) 없이 나를 대할 것이 불 보듯 뻔했기에 애초 그들에게 먼저 다가가지 않았다. 나의 기준에서는 꽤나 무례한 언행을 하는 녀석도 있었고, 출신 고등학교 직계 1년 후배도 있었다. 그래서 나이 어린 동기들에게 다가가는 것은 더욱 심적인 부담이 되는 일이었다.

저자가 먼저 접근한 형인 동기들은 3명이었다. 이승진(가명), 임태식(가명), 전상수(가명)였다. 나는 그들에게 먼저 다가갔고, 동기들 누가 뭐라 하든 상관없이 그들을 형이라 부르며 함께 다녔다. 물론, 그들 3명은 내게 그러지 않아도 된다고 했지만, 저자는 그들에게 형이라 부르며 지내는 것이 편하다 말하곤 했다. 사관후보생으로서 교육/훈련을 받는 이외의 개인 정비 등 시간에는 그들과 함께 형—동생 관계로서 지냈으며, 서로 돈독해졌다.

말이 주는 힘이랄까? 그들은 내게 형으로서 챙겨주는 모습을 보여주기도 했다. 시간이 지나면서 나보다 한 살 어린 동기 몇몇도 언젠가 사회에 나가게 될 텐데 그때 서로 편하게 연락하며 보려면 지금부터 형—동생 관계를 맺는 것이 좋겠다면서 다가왔다. 우리는 군사훈련을 받고 임관 이후에도 서로 안부를 물으며 지내는 사이가 되었다. 20여 년 정도가 지난 지금 몇몇은 생계 등으로 서로의 연락이 끊기기도 했지만, 그래도 아직 가끔 안부를 주고받는 인연도 있고, 30대까지는 서로 연락을 주고받으며 옛일에 웃고 그리워하며 지냈다. 인간관계라는 것이 언제나 그러하듯, 서로에게 예의와 존중을 잃지 않는 사람과 오래하게 되는 현실은 특별한 상황이 없는 한 거의 불변의 진리이다.

지금도 별반 다르지 않지만, 저자는 사관후보생 시절 체력이 뛰어난 편이 아니었다. 특히 지구력을 크게 요하는 오래달리기와 산악지역 행군을 포함하는 완전군장 장거리 행군의 경우 저자는 유난히 어려움을 겪어야 했다. 이 어려움은 사실 매일의 연속이었다. 매일 아침마다 영내구보 수 km와 매주 2~3회 수~십여km의 훈련장 이동을 위한 행군을 해내야만 했기 때문이다. 매번 뒤쳐질 때마다 3명의 형인 동기들과 나를 꼬박 형이라 챙겨주던 조대전(가명) 동기 후보생이 곁에 있어주었다. 그로 인해 저자는 잘 이겨낼 수 있었다.

사관후보생으로서 거의 마지막 교육훈련과정을 마칠 즈음 저자는 2주 동안의 소위 '지옥훈련'을 받게 되었다. 지옥훈련은 '최초 무박 2일 동안 60km 완전군장 입소 행군, 1주일 동안 유격훈련, 1주일 동안 100km 산악 이동 및 생존훈련, 마지막으로 주둔지로의 40km 완전군장 복귀 행군'으로 구성되었다. 정말 지옥처럼 느껴지는 훈련이었다. 이 훈련에 참가한 저자는 사실 60km 입소 행군부터 위기였다.

50km 이상을 무박으로 심야 행군을 하면서 체력은 고갈되었고 발바닥 전체에 물집이 난 상태라 마치 가시덤불을 맨발로 걷는 느낌이었다. 그쯤부터 행군은 해발 800m 이상 높이의 산악지역을 오르는 것이었다. 그 지역은 경북 영천의 화산으로 국내 5대 악산은 아니지만 그래도 꽤나 알려진 악산이었다. 악산이란 사전적 의미로 험한 산이며, 화산은 전두환 군부 정권 시절 악명 높은 삼청교육대 시설들 중 하나가 위치한 곳이었다.

지옥훈련 중에는 낙오되어 사관후보생을 포기하는 이들이 최소 1명 이상 발생한다고 접한 바 있었다. 올해는 그 1명이 절대 내가 되어서는 안 된다고 다짐하고 또 다짐하며 임했던 훈련이었다. 저자는 사관후보생으로서 모든 교육훈련과정을 수료하고 장교단의 일원으로서 임관해야만 하는 이유도 명확했기에 반드시 그 훈련 역시 이겨내야만 했다. 그러나 마음처럼 몸이 움직여지지 않았다. 당시에는 모든 것을 놓아버리고 싶었고, 낙오되어 비자발적 중도포기가 발생될 수도 있었다.

그럼에도 불구하고 그 모든 과정을 이겨낼 수 있었던 것은 친하게 지내며 서로 의지하던, 아니 저자가 더욱 의지할 수밖에 없었던 동기들 덕분이었다. 형인 동기 이승진이 자신도 지쳐있으면서도 내 곁에 함께 하면서 마지막까지 힘을 낼 수 있도록 도와주었고, 특히 한 살 밑인 동기 조대전은 저자의 육체적인 부담을 적극 덜어주었다. 체구가 나의 절반 정도밖에 안 되던 녀석이었는데도 말이다.

조대전은 행군 막바지의 가장 경사가 가파른 지역에서 저자가 거의 탈진 상태로 한발자국도 떼지 못하고 있자 저자의 군장을 자신이 추가로 들쳐 업었다. 그리고 저자를 일으켜 세우고는 뒤에서 엉덩이를 밀며 나아갔다. 그렇게 지옥 같았던 행군을 겨우 마쳤다. 조대전의 도움이 없었다면 불가능한 일이었다.

"아이-씨! 내가 형 때문에 미친다, 미쳐! 나도 힘들어 죽겠다고! 우리 같이 가야 하잖아, 그러기로 했잖아! 이 훈련 마치고 나랑 형들이랑 1박 2일

외박 나가면 팥빙수 사먹기로 했잖아! 정신 안 차릴래?! 차우준 후보생 똑바로 안합니까?! 정신 차립니다, 힘을 냅니다!!"

조대전의 그 당시 외치던 말, 목소리, 그 거친 숨소리 모든 것이 아직 내 귓가에는 생생하게 남아있다. 조대전과 이승진 등 저자와 함께 해주었던 동기들이 없었다면 그 당시 나는 결코 어렵고 힘들게만 느껴졌던 모든 교육훈련과정을 마칠 수 없었을 것이다.

결국, 저자는 그 동기들이 있었기에 푸른 제복을 입고 그 양어깨 위에 세상 무엇보다 단단하다는 금강석 형태의 계급장을 달고서 대한민국 육군 소위로 임관할 수 있었다. 그리고 저자가 20대 초반 세운 인생의 목적, 목표를 향해 첫발을 뗄 수 있었다.

자살을 생각했다

"뒤로 넘어져도 코가 깨진다."는 옛말이 있다.

2018년 한 해 동안은 저자의 모든 상황에 이 옛말을 사용해도 크게 문제가 없지 않겠는가 생각이 든다. 매일 아침 눈을 뜨면 휴대폰의 문자 알림과 이메일 수신함, 각종 취업포털 사이트의 쪽지 수신함을 열어보고, 이력서와 자기소개서를 작성해 내가 지원 가능한 채용공고에는 모조리 지원을 했다. 그리고 몇 개월 동안은 계획된 일자에 맞추어 지역노동청에 방문하여 재취업 교육과 실업급여 수령을 했다. 2018년 3월 말일부로 저자는 비자발적인 실업자가 되었기 때문이다.

저자 스스로 이직이나 개인사로 인하여 퇴직을 한 경우는 있었어도 회사 측에서 고용계약을 종료시켜 퇴직을 한 경우는 처음이었다. 물론 혼자는 아니었다. 이전 직장에서 계약직 신분의 직원에 대해 부당함이 있어 이에 대한 시정조치를 지속적으로 요구하고 따져 묻던 저자 그리고 함께 해주었던 동료 변리사 등이 함께 일괄 퇴직 처리되었다. 저자는 박사, 함께 실직한 동료는 변리사 등으로 세간에서 전문직이라 불리는 자들이었지만, 나라 경제가 전반적으로 어려워 일자리난이 문제인 상황에서는 전문직인 자들 역시 재취업이란 녹록치 않았다.

저자의 경우는 조금 더 나빴다. 변리사 등과 달리 박사학위 취득자는 법령에 의한 배타적 업무권한을 가지지 않을뿐더러 사실 전문직이란 칭호가 붙기에는 애매함이 있는 자들이기 때문이다. 학자, 연구자 등으로 불리는 것이 더욱 적합한 집단이다. 그래서 저자 역시 재취업에 매우 어려움을 겪었다.

실업기간 동안 대학교의 교수직과 정부연구기관의 연구직 지원은 물론 민간영리기업의 박사급 개발직 지원, 하물며 대학교 졸업자 공채 시험에도 수없이 응시했었다. 10여 곳에서는 1차 전형 합격 또는 최종면접 응시 단계까지 이르렀으나, 최종적으로 모두 고배를 마셔야만 했다.

실업자로서의 생활을 이어갔던 2018년 한 해 동안 깊은 실의에 빠져 있음과 함께 정말 많은 고민과 생각을 하는 시간을 가졌다. 2011년 자랑스러웠지만 고되고 힘들었던 직업군인으로서의 푸른 제복을 벗은 후, 대학원에 진학해 의미 있는 학술적 성취들을 가지면서 우여곡절 끝에 박사학위를 취득했고, 학계로 바로 진출하지 못했지만 그 끈을 놓지 않기 위해 매년 여러 편의 학술지 논문 작성과 단행본 출간을 이어갔다. 하루 평균 4시간 이상 수면을 취한 날이 별로 없을 정도로 치열하게 살았다. 저자가 20대 시절 지녔던 그 꿈을 위해서, 그리고 어제보다 확실히 더욱 나은 사람이 되기 위해서 그렇게 살았다. 그럼에도 불구하고, 세상은 내 뜻대로 살아지지 않았다.

당시의 내 상황을 잘 이해하던 오랜 지인 한 명이 건넸던 말을 저자는 거의 매일 같이 입에 달고 살았다. 운칠기삼(運七技三). 운이 7할이고 기가 3할이라는 말로, 사람이 살아가면서 일어나는 모든 일의 성패는 운에 달려 있지 노력(기)에 달려 있는 것이 아니라는 뜻이다. "하늘은 스스로 돕는 자를 돕는다."라는 말과 어느 정도 비슷한 맥락을 가진다. 사전 등을 찾아보면 이는 스스로 노력해야 하늘도 도움을 준다는 뜻을 가지는데, 이를 조금 비틀어 생각하면 스스로 노력해도 하늘이 도움을 주지 않으면 어려울 수 있다는 의미로 해석 가능하다. 즉, 운칠기삼의 뜻과 크게 다르지 않게 느껴지는 부분이 있다.

저자는 뭘 해도 운이 따라주지 않는 사람이라고 생각했다. 특히, 어느 대학교의 초청강의와 어느 대기업의 직무특강, 어느 정부산하기관의 전문가자문 등의 요청이 저자에게 들어올 때면 그 생각은 더욱 증폭되었다. '이렇게 필요하다면서, 왜 나는 그들 회사·기관에 고용되지 않는가?'라는 비관이 섞인 자문을 저자 스스로에게 되뇌곤 했다. 무엇인가에 저주받은 인생은 아닌가라는 의심까지 들었다. 그리고 도대체 무엇을 더 해야 하는지도 더 이상 생각나지 않았다. 수많은 대내외 경진대회 입상과 각종 학술대회 수상 실적까지 추가적으로 가졌던 나였기에 자문은 자조로 바뀌었고, 이내 내 삶의 비관으로 이어지기에 이르렀다.

자살을 생각했다. 자살을 실제로 실행하기 위해서 몇 날 며칠을 고민했고 구체적인 방법도 찾아 다녔다. 여러 검색을 통해 어떠한 방식으로 목숨을 거두는 것이 고통을 그나마 최소화하면서 확실하게 제 생명을 끊을 수 있는지 알아보았다. 결론적으로 저자 본인에게 가장 적합한 죽음의 행위를 두 가지로 정리하기에 이르렀다. 그래서 당시의 저자는 언제, 어디에서 생을 마감하는 일을 실행할 것인지 고민하는 단계에 도달했다. 이쯤 되니 나에게 무엇이 남겨져 있고, 무엇을 남겨야 할 것인지, 또 무엇을 마지막으로 정리해야 하는지 등을 생각하게 되었다.

미혼으로 생물학적 DNA를 남기진 못했으니, '나란 사람이 세상에 존재했었고 세상에 기여하려고 했었으나 불운하게 생을 마감했다. 그럼에도 정신적·학술적 특정 영역의 유산과 함께 이름 석 자를 남겼다.'라는 세상의 평을 받아야만 한다는 생각이 당시의 저자를 지배했다. 지금에서 돌이켜 보면 참으로 이기적인 생각만이 머릿속을 가득 채우고 있었다. 저자의 소중한 가족, 즉 부모님과 동생 내외 등이 나의 죽음으로 인해 얼마나 슬프고 고통스러워할 것인지는 유의치 않았다.

공교롭게도 그즈음 어느 책을 우연치 않게 접했다. 그 책에는 중세시대 유럽 지역의 수도사들이 유전적 후사 없이 생사를 신의 뜻에 맡기고, 신학(신앙)적인 자신의 생각과 지식, 삶의 태도 등을 일평생 기록으로 남김으로써 언제 어디서 자신의 생이 끝난다 하더라도 후회가 없었다고 적혀 있었다. 그리고 그 이유가 수도사들은 유전적인 후사(생물학적 DNA)를 남기진 못했지만 신학적 지식 등을 기록(책)으로 후대에 전하면서 자신의 이름과 정신적 유산을 남길 수 있었기 때문이라고 했다. 즉, 그 당시의 수도사들은 비록 생물학적 DNA는 아니었지만, 신학적 · 사회적 · 지식적 자신의 DNA를 남김으로써 자신의 생을 다른 의미로 이어가는 것임을 책은 저자에게 말해주고 있었다.

이전까지 글을 쓰는 것이 본업이라 생각하며 생활하던 저자였지만, 그 목적은 저자의 입신과 좋은 일자리로의 이직을 위해서였다. 저자의 이전 글들, 즉 그 결과물인 각종 학술논문과 단행본 등은 학술적 성취물이면서, 안정적인 경제활동을 하기 위한 수단에 불과했다. 다만, 생을 스스로 마감하기로 결정을 하고 그 준비로서 나의 지적인 영역의 DNA를 내 이름과 함께 남겨야 한다는 의지가 생기면서, 저자는 지금까지와는 다른 글(단행본)들을 집필해야만 한다고 생각하게 되었다. 그때부터 1년간 저자는 미친 듯이 글에만 집중했고, 과학총서 개념의 단행본 1권과 경제교양서 1권, 소설 1권을 집필했으며, 한 곳의 출판사와 한 곳의 기업에서 후원을 받아 공식적인 출간도 했다.

이때부터 저자의 마음 변화는 물론 각종 나를 둘러싼 상황들이 변하기 시작했다. 마치 내게 어떠한 존재가 이제는 스스로 생을 마감하려는 생각을 가져서는 안 된다는 일종의 신호를 보내는 것 같았다. 나는 다시 살고 싶어졌다.

최선은 아니었지만 이후 K지방에서 채용 소식을 접하게 되었고, 이로써 경제적인 어려움에서 다시 어느 기간 동안은 벗어날 수 있다는 희망이 생겼다. 그리고 언젠가는 다양한 환경, 문화권에서 일정 기간씩 생활하며 내가 가지게 되는 생각과 경험, 통찰, 지식 등을 글로 고스란히 담아내며 평생을 살아가고 싶다는 일종의 삶의 목표(혹은 목적)같은 것이 마음 가장자리에서 새싹처럼 돋아났다.

(1) 자살은 비겁한 행위다.

(2) 타인을 신뢰하지 않는 사람은 자기 자신이 정직하지 않기 때문이다.

(3) 공이 있는 사람과 재능이 있는 사람은 참으로 겸손하다.

(4) 미친 사람은 극히 불행하다.

(5) 철학은 학습할 수 없고 단지 철학하는 것을 학습할 수 있을 뿐이다(그 반대가 참이다).

(6) **훌륭한 희극보다도 훌륭한 비극 쪽이 쓰기 쉽다.**

(7) 약간의 철학은 신으로부터 멀어지고 있고 대부분의 철학은 신에게 돌아가고 있다. 이 말은 프란시스 베이컨이 한 말을 되풀이 한 것이다.

(8) 아는 것은 힘이다. 당치도 않다!

　: 어떤 사람은 많은 지식을 갖고 있으면서도 조금도 힘을 갖고 있지 않은 사람이 있는가 하면 반대로 쥐꼬리만큼의 지식밖에 없는데도 최상의 위력을 발휘하는 사람이 있다. 그래서 헤로도투스는 아주 적당하게 여기에 반대 입장을 밝힌 바 있다. **인간사 중에서 가장 고통스러운 것은 많은 것을 알고 있으면서도 아무것도 할 수 없는 것이다.**

『쇼펜하우어 – 염세철학 입문』 정필태 옮김, 청목서적(1987)

넌 왜 계속 뭔가를 이루려고 해?

미국으로 몇 년 전 영주권을 어렵게 받아 이민을 간 이전 직장에서의 선배 형이 한국에 몇 개월간 담당업무가 있어 방문했다. 선배 형은 내게 연락을 주었고, 그 당시 저자는 서울에 개인적인 일정이 있었던 터라 K지방에서 올라와 있었기에 서울 연남동 인근 한 식당에서 만나 소주를 곁들인 저녁식사를 오랜만에 하게 되었다.

이제는 청년이라 불리기 어려운 나이대인 40대와 곧 50대를 앞둔 일반의 직장인 남성 둘이서 저녁식사에 소주를 곁들이며 하는 대화가 상당수 그렇듯이 우리의 대화도 이런저런 사는 이야기였다. 물론 나는 개인적으로 잠시 동안의 방문이 아닌 미국에서의 삶을 살아본 적이 없기에 형을 통해 미국에서의 직장생활과 그 외의 삶이 어떤지 궁금함에 질문도 했다.

술잔을 기울이는 횟수가 한 잔 두 잔 늘어가면서 나와 선배 형은 얼근하게 취기가 돌기 시작했고, 이전 직장에서의 즐겁고 힘들었던 일화들도 끄집어내 이야기했다. 더구나 우리 둘의 공통 지인인 50대 중반에 접어든 선배 형들의 근황을 서로 물어보면서 직장생활의 은퇴 이후의 걱정 등도 대화의 주제가 되었다. 요즘의 사회적 분위기가 그러하듯 대화는 좀 어둡게 흘러갈 수밖에 없었다. 선배 형은 갑자기 저자에게 군 생활은 왜 했고, 또한 박사학위는 왜 취득했으며, 다수의 저술활동 등은 왜 계속하고 있는지 물었다. 아마도 그 이전부터 궁금했던 터였던 듯했다.

"내가 우준이를 알고 지낸지 벌써 꽤 시간이 지났네. 내가 알고 있는 너는 20대부터 쉼 없이 계속 위를 향해 달려온 것 같아. 지금도 그렇고. 넌 왜 계속 뭔가를 이루려고 해? 이제는 안 그래도 될 것 같은데."

40대를 넘어선 후로는 무엇인가 이루어야 한다는 생각(어쩌면 집착)을 크게 가지진 않은 것 같다. 그러나 30대까지 저자의 모습은 분명 달랐다. 20대 시절 어떠한 계기로 가슴 깊이 새겼던 '인생 목적, 목표'를 꼭 이루고 싶다는 열망이 저자의 마음속에 분명 존재했었고, 나는 그것을 달성해야 삶의 의미, 내 존재의 의미를 정당화한다고 믿었다. 그렇기에 저자는 다소 고되었지만 남들보다 긴 군 복무를 수행했고, 아등바등 학업의 끈을 놓지 않고 박사학위까지 취득했으며, 그 이후로도 연구자·학자로서의 역량을 증명하기 위해 끊임없이 논문과 단행본을 출간했다. 공학과 경제학 분야의 각종 경진대회에 참여해 입상하기도 여러 번이었다.

30대 중반의 초입쯤부터 10여 년이 지난 지금까지 저자는 민간사회에서 인생 목적, 목표를 이루기 위해 원하는 직장을 가져본 적 없다. 그렇기에 저자 자신이 품고 있는 직업의 정체성과 직장에서의 업무는 언제나 괴리가 있었다. 그래서 항상 벗어나고자 했고, 대학교의 교수직이나 정부출연기관의 정년보장 연구직으로 끊임없는 이직 시도를 했다. 몇 번의 의미 있는 기회가 주어지기도 했고, 그러한 기회가 애초 없기도 했다. 결과적으론 항상 괴리감을 느끼는 불안정한 계약직 신분으로서의 노동자였다.

20대 짝사랑 이야기와 J복지원(고아원) 일화, 인생 목적 및 목표, 지금까지 삶을 살아온 이유 등에 대해 선배 형에게 속 깊은 이야기를 털어놓았다. 정말 오랜만이었다. 누군가 그렇게 내 인생을 궁금해하고, 나는 내 지나온 삶을 진술하면서 허심탄회하게 이야기를 했다는 것이 말이다.

선배 형 역시 부단히 노력하고 성취 있는 삶을 살아온 자였다. 적어도 국내에서는 누구나 그 선배 형의 출신학교와 재직한 직장들을 접하면 10명 중 8~9명은 엘리트란 소리가 나오는 사람이다. 국내 최고의 명문대학에서 학사, 석사학위를 받고, 국내 주요 대기업 공채사원으로 입사하여 기획팀 업무를 맡은 바 있으며, 이후 여러 금융회사로의 이직, 글로벌 10대 기업 중 한 곳에 경력직으로 이직해 영국에서 영주권을 받아 살았던 경력도 있다. 그 후로는 국내 1위 기업의 핵심부서에서 구조조정팀장을 맡았다. 미국으로 전문이민을 준비하는 약 3년간 공백이 생기게 되어 W은행에 잠시 몸담았고, 저자와는 이때 인연이 되었다.

서로 부단히 노력하며 성취 있는 삶을 살아왔다 하더라도, 나와 선배 형은 결이 좀 달랐다. 선배 형의 경우는 엘리트라는 세평을 들어가며 20대부터 사회생활을 시작했고, 그 노력도 상당했으나 그 노력만큼 나름 충실히 보상받는 삶이었다. 물론 이야기를 들어보면 그 선배 형의 출신학교 동기들에 비해 몇 배의 노력을 더 했던 것은 확실하다. 서울의 S대학교 출신이라 할지라도 40대, 50대가 되어서 경제적으로 사회적으로 변변치 못한 상황에 놓이는 분들도 적지 않은 것이 사실이니 말이다. 반면, 저자는 별볼일 없는 20대를 거치며, 위로 그리고 위로 향하는 아등바등한 삶의 연속이었다. 저자 인생의 목적, 목표 실현을 위해서라는 명분이 있었지만, 사실 그렇게 하지 않고서는 사회에서 생존이 어려울 수밖에 없던 현실에 직면했던 이유가 컸다.

술기운이 더욱 얼큰하게 오르고 늦은 밤을 향했다. 선배 형은 나에게 이렇게 물었다.

"우준아, 그래서 이제는 좀 마음이 편안해졌어? 뭔가를 이루어야 하는 삶은 좀 내려놓은 거야?"

저자는 기분 좋게 웃으며 이제는 그렇게 된 것 같다고 답변했다. 이제는 20대 시절에 설정했던 '인생 목적, 목표'를 마음 깊은 곳 어딘가에 소중히 간직하고서 '지금의 행복에 충실한 삶'을 살아보고자 한다고 첨언했다. 이제는 계약직 노동자라는 신분도 그다지 저자의 삶에 불안감을 주는 요인이 아니라고, 나름 마음의 평화가 찾아온 시점인 것 같다고도 말했다. 선배 형은 저자를 기특해하는 것처럼 보였다.

"내가 우준이를 만났을 때 나이가 30대였는데 이제 너도 40대가 넘었네. 참 시간이 빠르다. 이제는 뭘 더 하고 싶어? 지금 회사에서 계속 있을 수 있으면 그렇게 지내면서 K지방에서 사는 거야? 아니면 다른 생각하는 것이 있어?"

선배 형의 이 질문에 저자는 잠시 생각에 빠졌다. 매일 매 순간 나의 삶을 그리며 살아가는 나였기에 답변이 어려운 것은 아니었다. 다만, 이를 어떻게 오해 없이 표현해 전달하는 것이 좋은가에 대한 고민으로 잠깐 생각에 빠졌다.

"형, 나도 형처럼 밖으로 나가서 최소 3~5년 혹은 그 이상 살아볼 생각이에요. 스트레스는 여전히 있지만 제가 참고 지내고자 한다면 그래도 지금으로부터 10년 정도 내 나이 50대 초반 정도까지는 현재 직장에 있을 수 있을 것 같아요. 다만, 요즘은 내 인생에 대한 많은 부분을 고민하고 있는데, 그 중 하나가 50대 이전에 내가 못해본 것들을 너무 늦지 않게 경험하는 것이에요. 다양한 문화권 지역에 가서 그곳의 사람들을 만나며 중장기 체류를 하고, 그로써 영감 받은 것들을 책으로 엮어내고 싶어요. 사실, 그렇게 삶을 살고 싶어서 투자 등도 몇 해 전부터 의미 있게 해오고 있고요."

"어디로 가려고?"

"포르투갈에서 살아보고 싶어요. 제 재정상태가 어느 수준 올라오면 그곳은 D7 혹은 D8 비자를 받아 비교적 장기간 체류 가능한 것 같더라고요. 치안도 나쁘지 않고 물가도 한국보다는 높지 않고요. 그 이후에는 유럽 지역 몇 군데를 1년 정도씩 몇 년 간 살아보려고 해요."

저자의 이 답변에 선배 형은 "우준이는 결혼 어렵겠다. 네 삶이 그렇게 확고하게 잡혀 있으면 여자 만나기 힘들어."라는 말과 함께 웃었다. 나는 멋쩍게 웃었다. 서울 연남동에서의 밤은 깊어졌고 다음번 만남을 기약하며 헤어졌다.

선배 형과의 긴 대화를 통해서 이제 나는 뭔가를 계속 이루려는 강박적인 삶을 벗어났음을 깨닫게 되었다. 그 순간 내 어깨를 20여 년간 짓누르던 무엇인가가 사라졌음도 느꼈다. 저자의 삶은 '무엇을 위해서'가 아닌 '나를 위해서'로 바뀌어져 있었다.

2.

나는 글을 쓰는 저술가입니다

차 선생, 계속 책 쓰는 일을 놓지 말아요

저자는 여러 권의 책을 출간한 바 있다. 집필과 출간이라는 작업은 현재
도 진행 중이며 앞으로도 특별한 개인적인 사건이 발생하지 않는 한 지속
하게 될 것이다. 집필, 즉 책을 쓰고 있으면 나는 나다워짐을 느낀다. 나
의 업처럼 느껴진다. 그래서 저자는 책 쓰는 일이 좋다. 나의 첫 책, 즉 처
녀작과 두 번째 도서는 공식적 문단의 등단 없이 일종의 시와 수필을 함께
엮어낸 자비 출간물들이다.(저자는 2014년 여름 한 지방 문예지에 투고
한 시 3편이 신인상 대상 작품으로 선정된 경험이 있다. 다만, 국내 소규
모 문단의 불편한 관행과 당시 저자의 개인적 상황으로 인해 신인상 수상

을 거부해 공식적인 시인 등단은 취소되고 만다.) 그 두 권의 책 모두 저자 개인적으로는 의미가 있고 남다른 추억도 담겨져 있기에 소중하지만, 세 번째 책은 그 의미가 더욱 남다르기에 애착이 크다.

"세 번째 책을 출간하다."

2017년 9월 정식 출판된『촉매와 환경기술』은 저자의 세 번째 단행본이지만, 출판사의 100% 지원을 받아 출판된 첫 도서이다. 그리고 저자가 박사학위 연구주제로 삼았던 전공분야의 과학기술 전문서적이기도 하면서, 이후 5권의 단행본을 추가로 출간하는데 저자에게 도움을 주는 NH출판사와 인연을 맺게 해준 도서이기도 하다.『촉매와 환경기술』의 탈고한 원고를 출판하기 위하여 대학전공서 전문출판사 몇 곳을 며칠간 온/오프라인을 통해 찾았고, NH출판사는 그곳들 중 한 곳이었다. 저자는 그 원고를 온라인을 통해 투고했고, 며칠 지나지 않아 NH출판사의 대표로부터 전화를 받게 되었다.

"차우준 선생님 되시죠? 저희에게 보내주신 원고 잘 받았습니다. 아직 검토 중이긴 한데, 책 내용이 사실 저희 출판사 입장에서 돈 될 것 같지는 않아요. 그런데 어디선가 분명 필요로 할 책인 것 같네요. 저희가 출간해 드릴게요. 시간 되시는 날 미리 알려주시면 약속 잡고 저희 출판사 사무실 방문해주세요. 계약서도 작성해야 하고, 이야기도 좀 나누면 좋을 것 같고요."

여러 차례의 교정, 교열의 과정 그리고 표지 및 내지의 디자인 제작 등이 진행되면서 계약서를 작성한 이후 4개월이 조금 더 지나 『촉매와 환경기술』은 인쇄까지 마치고 정식 출판이 되었다. 그 후로 2달 정도 지난 11월이었던 것으로 기억한다. 회사에 출근해 사무실에서 업무를 하고 있는 중에 출판사로부터 걸려온 전화를 받게 되었고, 책과 관련된 일을 처리할 겸 저녁식사도 같이하자는 연락이었다. 그래서 그 다음날 저녁 퇴근 후 출판사의 대표를 만나 뵙기로 약속을 하였고, 약속된 시간에 약속된 장소에서 그 대표를 만나게 되었다. 식당에서 주문한 음식이 나오기 전에 출판사 대표는 내게 흰 봉투를 건네면서 이렇게 말을 했다.

"이건 선인세예요. 요즘은 출판업계가 다들 어려워서 선인세가 없어졌는데, 차 선생에게는 얼마 되지 않는 금액이지만 챙겨드려야겠다 생각이 들어서 오늘 만나자고 했던 거예요. 출판사에서 처음으로 지원받아 정식 출판을 한 책인데, 처음 시작했다는 것 자체가 너무 의미 있고 소중하잖아요. 책 판매가 생각만큼 안 되면 출판사가 오롯이 적자를 감내해야 하지만, 그럼에도 선인세를 챙겨드리는 거예요. 책 집필이라는 의미 있는 일을 이렇게 시작했으니, 지금의 이 좋은 기억으로 앞으로도 책 집필을 계속 이어가면 좋겠어요."

이때부터 저자는 관심사에 대한 변화가 앞으로 계속 생길 수 있겠지만 학교 밖의 학자이자 저술가로서 글쓰기를 경제적인 부분과 무관하게 업으로 삼겠다고 다짐했었다. NH출판사와 저자의 관계는 몇 년간 5권의 단행본 출간작업을 추가로 진행하면서 더욱 돈독해졌다. 특히, 저자는 새로운 책의 출간마다 계약서 작성 등의 이유로 출판사 사무실을 찾아 대표와 이런저런 대화들을 나눌 기회를 수차례 가지게 되었다. 참고로 당시 저자가 소속된 회사의 소재는 서울시 회현동에, NH출판사는 15분 정도의 거리에 위치한 서울시 후암동에 있었다.

우리의 대화는 특별한 주제가 있는 것은 아니었다. 그냥 출판업계 전반의 상황, 대표가 NH출판사를 시작하게 되었던 계기, 서로 관심을 가지는 문학가나 저술가의 최근 도서 등에 대한 이야기가 대부분이었다. 가끔은 저술가의 길에 대한 출판업계 대표가 바라본 일화들을 내게 이야기 해주기도 하였는데, 그 말들은 저자가 현재까지도 가슴에 담아두고 저술가로서 길을 걸어가는데 큰 도움이 되고 있다.

"차 선생은 결국 어떤 책을 쓰고 싶은 거죠?"

NH출판사와 두 번째 책을 출간하기로 계약하고서 작업을 진행할 때의 일이다. 나는 당시 이 질문을 의아하게 생각했다. '왜 이런 질문을 하시지?' 이런 생각이 아주 잠시 동안 들었다. 곧 나는 답변을 했다.

"저는 대중서를 쓰고 싶어요. 전문적인 내용일지라도 대중들에게 사랑받고 또 필요한 내용의 책을 쓰고 싶습니다."

"아닌데. 차 선생, 어려워요." 저자의 답변에 뭐랄까 반사적으로 돌아온 출판사 대표의 답변이었다.

출판사 대표의 뒤이은 말의 요지는 이러했다. 저자의 책은 그 문체가 쉽게 전달하려는 의지가 보이지만, 내용 자체가 비전공자나 특정 분야에 관심이 크지 않은 독자들이라면 다소 어렵게 느껴진다. 가독성은 나쁘지 않지만 내용 자체가 특정 분야에 한정되어 전문적이라는 의견이었다. 이것은 저자의 전공이나 현재 경력을 쌓아가는 분야에만 국한되지 않는다고 말했다. 저자가 관심을 새롭게 가지고 그 분야에 조사와 연구, 공부를 한 결과물 역시 비슷한 상황이라고 조언을 해주었다.

출판업계에 수십 년 투신한 대표의 사실적인 조언이었기에 무엇인가 저자는 당혹스러움을 느꼈다. 그리고 앞으로는 저술가로서 어떠한 행보를 진행해야 할 것인지에 대한 고민도 생겨나기 시작했다. 첫 출간은 기대감만 있었던 반면, 두 번째 출간은 이렇게 대화를 나눔으로써 고민이 커지는 시발점이 되었다. 저술가로서의 꿈을 진지하게 생각하며 이를 어떻게 실현할 수 있을지에 대한 그러한 고민 말이다.

"대표님, 저는 대중적인 책을 쓰며 널리 알려지고 싶습니다. 사회에서 제 이전의 목표는 대학교의 교수직을 얻는 것이었는데, 지금은 대학이라는 테두리에서 한정된 학생에게 학술적 지식을 가르치고 인사이트를 공유하는 일을 넘어서는 대중을 대상으로 지식과 관점을 공유하며 소통하는 일을 하고 싶습니다. 그러기 위해선 책을 통해 대중에게 널리 알려지는 것이 필요합니다. 방법이 없을까요?"

"차 선생, 요즘은 출판사도 미디어 등을 끼고서 기업처럼 움직여요. 그래서 저희처럼 오랫동안 출판업 그 본질에 집중하던 사업자들은 사라지거나 재정적으로 어려움을 겪고 있어요. 인터넷이 널리 보급되기 이전만 하더라도 출판사들이 저술가를 찾아내고, 혹은 그 반대로 저술가가 출판사를 찾아와, 책을 내면 그 자체로 저술가들은 이름을 알릴 수 있었어요. 분명 그러한 시기가 있었죠."

잠시 숨을 돌리고서 출판사 대표는 내게 말을 이어갔다. "저술을 한다는 것 자체가 워낙 귀한 일이기도 했고, 그런 일을 할 수 있는 사람은 더욱 귀했죠. 지금은 시대가 많이 변해서 돈벌이가 될 이미 유명해진 사람들이 저술가로 한 번 더 탈바꿈을 하고 있죠. 그래서 출판사도, 진정한 저술가도 사라져가고 있는 것 같아요. 방법은 없어요. 다만, 계속 쓰세요. 쓰고 또 쓰면 글의 스타일도 변하게 될 것이고, 주제도 더욱 넓혀질 거예요. 그렇게 책을 쓰는 일을 계속하면 언젠가 대중에게 닿을 수 있을 겁니다. 그러니 계속 쓰세요."

저술가로서 꿈을 아직 저자는 마음에 담고 있다. 다만, 대중적인 저술가가 되려던 한때의 꿈은 이제 접었다. 그것은 '운칠기삼(運七技三)'의 영역에 있는 일이라고 깨달았기 때문이다. 운칠기삼의 영역에 있는 일은 내가 간절히 원하고 노력한다고 하여 이루어지지 않는다는 것을 매우 지독하게 겪은 바 있다. 박사학위 취득 후 그토록 원했던 대학교수나 연구기관의 연구자, 해외로의 취업 등에서 수년간의 노력이 무색하게 수없이 고배를 마신 경험이 이미 있다.

저자는 지금 단지 계속 쓰고 있다. 이제 이 일은 저자 본인의 정체성이 되었고, 이 일을 계속하기 위해 재정적인 측면 등에서 치밀하게 준비하며 저자의 삶은 한층 도약하는 기회를 가지게 되었다. 저자의 책, 글을 접한 소수의 독자들에게서 저자는 자신의 삶에 긍정적인 영향이 있었음에 대한 고마움의 메시지를 받는 경험도 하게 되었다.

"차 선생은 결국 어떤 책을 쓰고 싶은 거죠?"라는 그 예전 출판사 대표의 질문에 이제는 더 이상 답하는 삶을 살지 않기로 저자는 다짐했다. 그저 쓰고 또 쓸 뿐이다. 그 자체가 나이니까. 다른 이유는, 설명은 더 이상 필요치 않다.

내가 사랑했던 문인, 마광수

"마광수는 꼭 재평가되어야 해!"

저자는 오랜 시간 함께 추억을 공유하는 지인들과 긴 밤 술잔을 기울이며 마음을 터놓는 자리에서는 종종 이 말을 꺼낸다. 문학서를 단 몇 권이라도 읽어본 삶을 살고 있는 지인들에 한해서 말이다. 참고로 저자는 광마 선생을 진심으로 존경하고 그의 작품 하나하나를 음미하면서 진정으로 애정하게 되었다.

광마(狂馬)란 아호로 널리 알려진 마광수는 수년간 저자가 시와 소설을 쓰는데 정서적으로 영향을 지대하게 미친 인물이다. 마광수는 야설을 쓰다 투옥되고 연세대학교 교수직에서 해직된 이력이 있는, 천재성은 있으나 삼류 변태 작가로 국내 사람들에게 기억되고 있다. 이마저도 얼마간 함께 동시대를 살아간 이들에 한해서이다. 더구나 2017년 9월 5일 그가 타계한 이후로는 그가 누구였는지 알려질 기회조차 더욱 없어진 듯하다. 능동적인 서칭(searching) 기질을 가진 사람이 아니라면 말이다. 마광수는 한국 현대문학사에 큰 획을 그은 중요한 인물이다. 그러나 아직 우리 사회는 그를 떳떳하게 생각하지도 드러내야 하는 인물로 다루지도 않는 분위기가 팽배하다. 그와 그의 작품들은 뭔가 은밀히 즐겨야 하고 밖으로 드러내기에 부끄러움을 느껴야만 하는 대상일 뿐이다. 아직까지의 한국 사회는 분명 그렇다.

마광수의 대표작들을 읽어본 이들은 국내에 꽤나 존재한다. 그리고 마광수란 이름 석 자를 모르는 기성세대 역시 드물다. 그의 문제적 대표작 『가자, 장미여관으로(1989)』와 『즐거운 사라(1991)』가 성인들 사이에서 유명 포르노그래피, 일종의 야설로 많이 읽혔던 이유, 그리고 그 저자가 '음란문서 제조-반포(대상서: 『즐거운 사라』)'란 억지 혐의로 1992년 10

월 29일 구속되었던 문학인이자, 국내 상위 3대 종합대학교 중 하나인 연세대학교의 종신직 교수였던 점이 그 상황에 큰 몫을 한다. 저자 개인적으로 정말 안타깝게 생각하는 점은 다만 거기까지라는 것이다.

마광수는 천재성을 가졌던 비운의 문학인이자, 사회계몽을 절절히 외쳤던 사상가이자, 그리움과 음울함에 사무친 아들이었다. 게다가 한국 사회에서 어느 누구보다 자신에게 있어 솔직한 사람이었다. 마광수의 삶은 사실 그의 작품들에 많이 사용된 표현 '변태적, 음험함, 쾌락' 등과 다소 거리가 있다. 문학적 도구이자 매체로서 성(sex)을 누구보다 한국 사회에서 자유롭게 또 많이 사용했던 작가였지만, 그의 작품들 본질을 곱씹으면 전혀 그렇지 않다. 누군가는 문학을 사회 또는 개인의 감정적 배설이라 하지 않았던가. 뜬금없는 듯하지만, 그렇다면 마광수의 언어(작품)는 '문학의 기능(감정적 배설)−프로이트의 정신분석이론−사회/문화심리학'과 관계적으로 이해되어야만 한다.

한강의 소설 『채식주의자』가 2016년 맨부커상 수상작이 된 후 나는 그 책을 며칠 안 되어 서점에서 구매해 읽었다. 이 책은 이후 2024년 노벨문학상 수상이라는 영예까지 얻는다. 2016년 당시 저자는 한강의 책을 완독하는데 이틀 정도 소요되었던 것으로 기억한다. 몰입도가 높아 책 속 이야기에 빨려 들면서 책을 읽어 나갔다. 다만, 개인적으로는 이야기를 통해 전달받는 감정적 불편함 그리고 그 작품이 한국 문학계(더 나아가 우리 사회)에 미치고 있던 영향력에 대한 거북함이 있었다. 그 이후로 저자는 지인들과의 술자리에서 한강의 『채식주의자』를 읽고 마광수의 대표작 중 하나를 함께 읽어보라 권한다. 무엇이 다르고, 무엇이 그 두 작가를 다르게 평가하게 만드는가를 고민해보라는 숙제와 함께 말이다.

"한국 사회는 차별과 편견이 강하다!"

이것은 저자가 조국 대한민국에 대하여 평가하는 바이다. 분명 이전 시대보다는 많은 부분들이 긍정적인 방향으로 변화되었고, 그 변화는 지금도 진행 중이다. 다만 가야 할 길은 여전히 많이 남았다. 관습적인 것이든, 인습적인 것이든, 새로이 받아들여진 것이든 간에 우리 사회 곳곳에는 구성원들의 다양성과 존엄성 등을 위협하는 차별과 편견이 뿌리내려 있다. 한민족이란 강한 민족적 정체성이 대한민국이란 국민 정체성과 동일하게 여겨지는 것 역시 저자가 문제시하는 여러 것들 중 하나이다. 저자의 이 같은 생각과 주장에 많은 이들이 강한 거부감과 반발심을 가질 수 있다. 아니, 어쩌면 저자 같은 '듣보잡'은 다수에게 저자의 생각과 주장이 진중하게 전달될 기회조차 얻지 못할는지도 모른다.

마광수는 한국 사회에 존재하는 차별과 편견의 희생양으로써 비운의 삶을 살았다. 다만, 마광수는 자신의 삶을 마감하는 순간까지 솔직했고 당당했으며 그리움으로 가득했다. 이 같이 일관성을 잃지 않던 그의 삶의 모습은 지금도 저자가 여전히 그를 존경하고 사랑하지 않을 수 없는 이유이다.

비록 이름이 세간에 알려지지 않은 무명이나, 저자 역시 글을 쓰고 출판사의 도움을 받는 경우에는 출간도 간간이 하는 자인지라 출판업계 몇몇 관계자들과 이런저런 대화를 나눌 기회가 간혹 있다.

일전에 저자가 저술한 몇 권의 책을 직접 출간해준 NH출판사의 대표와 점심식사를 하며 나눈 대화가 기억난다. 그 점심식사는 마광수 선생이 작고한 후 얼마 안 된 시점에 가졌는데, 저자가 그의 유작을 읽고 있다는 말을 꺼내면서 그에 대한 진지한 대화가 시작되었다. 지금도 저자의 뇌리에 깊게 각인된 그 당시 대화 중 말은 '마광수가 만일 국내 명문대학교인 연세대학교 종신교수가 아니었다면 그의 삶이 어떠했을까? 아마 그는 긍정적인 측면에서 작가로서 다른 삶을 살았을 가능성이 있다.'는 것이었다. 즉, 출판사 대표의 말은 한국 사회에서 명문대학교의 종신교수로서 가지는 지위와 체면, 사회적 금기 같은 것들이 있는데 마광수는 그것들을 무시한다고 여겨질 수 있는 작품들을 내놓았기에 주류사회의 공격을 받아 철저하게 따돌림 받고 매장을 당했다는 의미였다.

마광수의 몇 안 되는 학술에세이 중에는 이러한 고백이 있다. "지인 몇몇이 나에게 성에 대한 책을 이렇게 고상한 언어로 학술적으로 쓰면 문단이나 학계에서 공격도 안 받으면서 좋은 평가도 받고 얼마나 좋은가라고 말했다." 얼마나 힘들었을까? 자기기만과 사회적 위선을 동료 교수들처럼 못했던 그는 감추거나 속이거나 포장하지 않았다는 죄를 가진 죄인이었다. 그리고 그 죄는 아직 우리 사회에 유효한 것처럼 보인다.

진보를 가치로 삼는 정치인, 교육자, 사회운동가 등 상당수는 벤치마크 대상으로 독일을 자주 언급한다. 지금의 독일 사회는 프랑스로부터 시작된 68운동의 영향을 크게 받았으며, 그 운동이 지향한 이데올로기는 사회 저변에까지 자리하고 있다. 68운동은 사회·정치·문화적으로 다양하게 표출되었으나 저자 개인적으로 이 운동의 핵심가치는 '인간의 존엄'과 '민주주의'라고 생각한다. 이 가치들은 68운동 이전에도 자유민주진영의 국가들에서 국가체제로 채택된 것들이었으나, 만민의 평등이 전제된 인간 존엄과 그들에 의한 민주주의는 분명 현상적으로 많은 변화를 불러왔다.

독일은 깨어 있는 시민 양성을 위해 성(sex)과 생태주의, 정치참여를 커리큘럼으로 학교 교육에 포함하고 있다. 이들 중 우선하는 것은 섹스이다. 섹스가 자기 주도성과 책임감을 수반하고 양성화된 사회문화로서 자리를 잡으면 한 사회의 근본적인 변화를 가져올 수 있음을 독일의 68운동 주체들은 알고 있었다. 실제로 섹스는 생명 탄생의 근간인 자기 결정적 행위이며, 타인(사회)에게서 강제되거나 침해되어서는 결코 안 되는 사적 영역임과 동시에 존중되어야만 하는 영역이다. 물론, 시간이 꽤 지난 지금의 독일 사회는 68운동 정신이 변질되어 부작용을 겪고 있다. 이는 독일 사회만의 문제는 아니다. 대표적인 부작용 사례는 2024년 파리 올림픽에서 보여준 WOKE 현상, 미국 캘리포니아의 포괄적 차별금지법에 따른 사회적 문제 등이다.

섹스가 그 자체로서 존중되고, 개인 책임하에 자기주도적으로 이루어지는 사회는 자연스럽게 모든 인간에 대한 존엄과 경의를 가지게 된다. 사회 구성원으로서 개인들이 능동적으로 정치에 참여하게끔 장려 및 독려를 하며 종국에는 자연에 대한 존엄으로 이념을 확장하게 된다. 다소 변형되었지만, 1960~1970년대 미국의 히피(Hippie) 문화도 추구하는 본질은 비슷했다.

독일은 현재 인권 보장과 사회 저변으로의 민주주의가 잘 작동하는 사회로 소개된다. 독일도 다른 나라들과 마찬가지로 몇몇 크고 작은 사회문제들을 가지고 있지만, 그럼에도 불구하고 사회 전반의 진보적 민주주의를 이룬 국가임에는 반론의 여지가 크지 않다. 이러한 사회 근간에는 섹스에 대한 솔직함과 표현, 존중이 있다. 그러나 한국의 진보주의 세력은 독일을 수없이 언급하면서도 섹스에 대해서만큼은 인색하다. 인색하다 못해 몹시 위선적이고 자기기만적이다. 저자는 그래서 한국에 진보는 없다고 말한다.

저자가 마광수를 여전히 사랑하고 존경하는 이유는 이러한 한국 상황에서 최후의 보루 같던 인물이었기 때문이다. 그는 진정한 진보주의자이자 문학이란 수단으로 사회계몽을 지속했던 계몽운동가다. 시대의 무지로부터 탄압받았던 지성이기도 했다. 마광수의 작품들을 보면 그가 성해방 및 쾌락주의 계몽에 대한 확고한 신념 이면에 얼마나 외로움으로 가득한 삶을 살았는지 느낄 수 있다.

한국 문학계가 천재적 시인이었다 평을 아끼지 않는 「오감도」의 이상이 살아생전 차렸던 다방 '69', 성행위를 상징하는 기호로서 이 다방 상호의 기발함에 대해 다시 한 번 많은 이들이 찬탄한다. 소설가 한강의 2016년 맨부커상과 2024년 노벨 문학상 수상에 크게 기여한 『채식주의자』가 다루는 주인공들의 정신병적이고 반사회적 행동으로서 신랄한 성행위 묘사 역시 많은 이들이 매우 수준 높은 문학이라 평가한다. 이들보다 몇 걸음 더 앞선 입장에서 사회변화를 꿈꾸며 성을 문학적 소재로 다루었던 마광수에게는 왜 이리도 가혹한가!

내가 사랑했던 문인, 마광수는 반드시 재평가되어야 한다. 어쩌면 그 일은 우리가 살아가는 한국 사회에 긍정적인 변화를 불러올 수도 있지 않을까? 저자는 계속 글을 쓸 것이다. 글은 나를 성장시키고, 사회를 변화시키는 힘이 있다. 장르는 다를지라도 저자는 광마 선생과 같은 저술가가 되고자 한다.

3.

쌍둥이 조카들:
미래세대에 대한 걱정

저자는 아직 미혼이다. 40대를 훌쩍 넘은 나이까지 미혼인 이유는 그간 저자가 결혼에 대한 생각이 없어서는 아니었다. 한때는 정말 결혼하고 싶기도 했었고, 여러 방면에서 많은 노력도 했었다. 사람에게는 인연, 운명이 있다면 아마도 저자는 그러한 것 때문에 아직 미혼인 상황일 거다. 다만, 너무 늦지 않은 시기에 꼭 결혼을 할 것이고, 나 그리고 내가 남은 삶 동안 사랑하며 살아가게 될 배우자를 반반 닮은 아이들을 낳아 양육하기를 희망한다.

저자에게는 여동생 한 명이 있다. 여동생은 진즉에 결혼하여 슬하에 쌍둥이 딸, 아들을 두고 있다. K지방에서 홀로 직장생활을 하면서 지내다가 수개월에 한 번 본가에 올라갈 때면 늘 만나는 나이 어린 쌍둥이 조카들

덕분에 행복감이라는 것을 느끼고, 가족이라는 개념/의미에 대해서 다시금 깊게 생각하게 된다. 한편으로는 이 아이들을 보면서 깊은 생각에 빠지기도 한다. 생각이란 표현보다 우리 아이들이 살아가야 할 미래에 대한 걱정이라 말하는 것이 더욱 정확할는지 모르겠다.

저자는 공학을 전공으로 박사학위를 취득한 자이며, 짧지 않은 기간 동안 자산 투자를 진행해 오고 있는 자이다. 이러한 개인적인 배경으로 저자는 세상의 변화, 특히 혁신적인 기술이 이끄는 세상의 파괴적 변화에 관심이 크다. 누군가의 말처럼 혁신적인 기술이 이미 세상에 스며들어 자신의 일상에서 체험·체감하고 있다면 그 기술로 인해 변화된 세상에서 자신이 취할 수 있는 부의 기회, 인생을 바꿀 기회는 이미 떠나버린 상황이다. 즉, 늦었다. 세상의 변화를 다수의 대중보다 일찍 감지하고, 그에 대한 대응(투자, 사업, 전직 등) 역시 다수의 대중보다 일찍 실행할 수 있어야 부의 기회, 인생을 바꿀 기회를 가질 가능성이 높다. 이것이 시골의사로 잘 알려진 박경철이 그 예전 'W를 찾아서'라는 명강의를 통해 언급한 "99%의 잉여인간이 되기를 피하면서 0.1%의 창의적 인간(들)을 미리 알아보고 그가/그들이 변화시키는 세상에 편승하는 0.9%의 통찰력을 가진 인간이 되는 방법"이다.

매우 어려운 일이다. 학창시절에 비유하자면, '과연 나는 100명 중에서 1등을 해본 적이 있는가? 할 수 있었는가?'라는 질문과 크게 다르지 않다.

0.1%의 창의적 인간을 알아보는 0.9%의 통찰력 있는 인간이 되는 것은 결국 대중의 1%에 해당하는 인간이 되는 일이기 때문이다. 물론, 나 자신이 0.1%를 알아보는 0.9%가 아닌 그 주변부의 3%, 5%, 7% 정도에 속한다고 하여도 무엇이 세상을 변화시키는지 너무 늦지 않게 알아보고 적극적으로 대응한다면 그 역시 적지 않은 부의 기회와 인생을 바꿀 기회를 가질 수 있다. 지금의 저자는 감히 말하건대 그러한 상황 한복판에 있다.

주변에서는 소위 스펙(최종적인 학력, 경력, 직장)과 축적한 자산, 가정 환경 등을 피상적으로 알게 된 후 저자를 접하면 '순탄하고 어려움 없는 삶을 살아왔고 또 살아가는 자!'라는 식으로 쉽게 말한다. 나 스스로의 인생이 복잡하게 꼬여 있다거나 매우 어려운 처지에 놓인 것은 아니지만, 그럼에도 불구하고 저자는 확언컨대 '나의 현재까지 인생은 노력 대비 원하는 바를 제대로 이룬 적이 한 번도 없으며, 매 순간 생사의 기로에서 절박함으로 살아온 삶이다.' 게다가 비교적 오랫동안 직업군인으로서 봉직한 후 민간사회로 나와, 저자는 단 한 번도 심리적 안정감을 가질 수 있는 정규직 노동자였던 적이 없었다. 전문직이라는 명함은 있지만 계약직 노동자 신분으로서 과거를 살아왔고, 현재를 살아가고 있으며, 은퇴 시점까지의 미래에도 분명 그러할 것이다.

고용불안, 아등바등, 불합리, 차별, 간절함, 절박감, 노후의 두려움 등은 30대부터 40대를 넘긴 현재까지 저자의 직장생활을 함축적으로 표현하는 단어들이다. 나름 꽤나 노력한 삶이었음에도 계약직 노동자로서 민간사회에 첫발을 내딛으니 경제적 및 심리적 불안은 쉽사리 떨쳐낼 수가 없었다. 불행 중 다행이라 해야 할까? 저자의 경우 국내에서 나름 좋은 학교라 불리는 교육기관에서 박사학위를 취득했다는 사실 덕분에 여타 부류의 계약직 노동자들보다 처우 전반이 나쁘지 않았다. 반면, 일반사무 담당 계약직 노동자의 경우 2년 미만인 제약적 근로계약을 맺을 뿐만 아니라 급여 등의 처우도 바람직하지 못한 편이다. 이마저도 인공지능 기술의 적극적 도입과 국내 경기 둔화·악화 등의 이유로 급격하게 줄어드는 추세이다. 아직은 나이가 어린 조카들이지만 지금으로부터 10여 년 이후 이들이 성인이 되는 시기에는 노동시장 상황이 지금보다 노동자에게 우호적이지 않을 것 같다.

삼촌은 국내 세법상 부모 외 친족 신분으로서 비과세 증여가 10년 이내 1천만 원까지 가능하다. 물론 이는 현행법 기준이며 향후 법령 개정 여부에 따라 바뀔 수 있다. 저자는 아직 미혼인 이유로 비교적 자유롭게 개인 결정에 따라 쌍둥이 조카들에게 그들이 태어난 당해부터 몇 년간 꾸준히 개별기업 주식과 일부 펀드(ETF)를 매입해 선물로 증여해 주었다. 이제는 조카들 각 개인의 증권계좌에 1천만 원 내외의 자산이 증식되어 채워진 상황이며, 동생 내외에게는 특별한 상황 발생이 없는 한 아이들의 증권계좌를 10여 년 이상 잊고서 지내라고 당부했다. 저자의 주식 증여와 당부는 쌍둥이 조카들이 성인이 되었을 때 삼촌인 저자보다 제약 없이 그들 꿈을 위한 행동이 가능하도록 경제적 기반을 만들어주기 위함이다. 저자의 이 바람은 미래가 되어서야 실제 이루어졌는지 확인 가능할 것이다. 다만, 아무것도 안 하기보다 무엇인가 시도를 했다는 것 자체는 저자의 바람이 현실화될 가능성을 높인다.

저자의 주식 증여 결정과 실행은 쌍둥이 조카들에게 미래 큰 부를 만들어주거나 경제적 자유를 통한 노동으로부터 일찍이 해방시켜주기 위함이 아니다. 그럴 수 있는 정도의 금액 증여도 당연히 아니다. 아이들이 성인이 되었을 때, 그들이 마주할 현실 앞에서 좌절하지 않고 몸과 마음, 정신이 건강한 청년으로 삶을 주체적이며 능동적으로 살아가기를 희망하고 있기에 저자는 이와 같이 행동했을 뿐이다. 현재 어린아이를 낳아 키우는 집의 부모라면, 혹은 그 집안의 어른이라면 아이의 미래를 위해 저자와 비슷한 행동을 늦지 않게 해야만 한다. 저자는 분명 그렇게 믿는다. 그 이유는 기하급수적 발전이 이루어지고 있는 인공지능과 로보틱스 등의 기술이 앞으로 변화시킬 미래 때문이다. 이 미래는 준비되지 않은 노동자인 인간에게 혹독할 것이며, 지금까지 저자가 겪어온 사회와 차원이 다를 것이다.

테슬라는 2024년 10월 10일 미국 캘리포니아의 한 영화사가 소유한 스튜디오에서 'WE, ROBOT'이란 행사를 진행했고, 여기서 자신들이 그려나가며 현실화시키고 있는 곧 다가올 미래를 보여주었다. 행사명에서 알 수 있듯, 테슬라는 이날 첨단 인공지능 기술이 적용된 로보택시와 무인 자율주행차량, 휴머노이드 옵티머스 등을 선보였다. 저자는 이 행사를 중

계방송으로 실시간 지켜보면서 여러 깊은 생각에 빠졌다. 저자 개인적으로는 수년간 투자를 진행 중인 테슬라 주주로서 몹시 감탄하였고 그들이 보여준 미래를 하루라도 빨리 맞이하고 싶다는 생각이 들었지만, 이와 함께 테슬라 주주가 아니거나 어떠한 방식으로든 인공지능·로보틱스 기술 분야에 지분을 가지지 않은 사람들에 대한 걱정도 들었다. 테슬라가 보여준 미래는 그 본질이 인간 노동의 전반을 대체하는 것이었기 때문이다. 물론, 인간 노동 자체가 소멸하지는 않겠지만, 미래의 일자리는 지금과는 많이 다를 수 있음을 충분히 상상케 했다.

어느 집이든 아이들의 미래 대응을 위한 투자는 현재 선택이 아닌 필수다. 급격하게 발전하는 기술과 급변하는 사회를 인식하지 못하고 그 대응도 전혀 안 하는 부모, 어른만이 존재하는 집안의 아이들에게는 분명 녹록치 않은 미래가 기다리고 있을 것이다. 우수한 학업성적과 의과대학 진학, 극소수의 명문대학교 입학, 굴지의 대기업 입사 등은 그 유효기한이 어쩌면 얼마 남지 않았는지 모른다. 이것들을 위한 시간과 자원 투하가 어쩌면 곧 다가올 미래에는 투자가 아닌 단순 지출이 될 가능성이 있다. 효율성 높은 인간은 더 이상 인공지능·로보틱스 기술이 일상이 된 미래에서 가치가 높지 않을 것이기 때문이다. 세계 신기록을 가진 달리기 선수가 자동차나 바이크 등과 누가 빠른지 경기를 하지 않는 것처럼, 미래에는 많은 영역에서의 인간 노동도 그러할 것이다.

아직 영아, 유소년기의 자녀들에 대한 투자는 금액이 클 필요가 없다. 물론 투자금액이 커서 나쁠 건 없다. 그러나 아이들에게는 성인과 달리 엄청나게 많은 시간이라는 자원이 있다. 10년, 20년 후 아이들이 성인이 되어 살아갈 미래에는 어떤 기술이 사회를 변화시키고 주도할 것인지에 대한 깊은 고민은 매우 중요한 시작이다. 이는 아이들의 미래를 위한 올바른 투자로 이어지기 때문이다.

못다 한 이야기 모음

(Collaborated with AI 'Grok')

복리의 마법

투자자라면 '복리'라는 마법 같은 개념에 대해 한 번쯤은 들어봤을 것이다. 복리는 단순히 자산이 '더하기'가 아닌 '제곱'으로 커지는 효과이다. 예를 들어, 오늘의 +10%와 내일의 +10%는 단순히 +20%가 아니다. 복리가 적용된다면, 첫날 +10%가 오른 후, 그 다음날 또 +10%가 오르는 것이므로, 사실상 +21%가 된다. 이는 워렌 버핏이 말한 '스노우볼 효과'와도 일맥상통한다. 작은 눈덩이를 굴리면 천천히 커지지만, 큰 눈덩이는 굴릴수록 기하급수적으로 커진다. 즉, 작은 눈덩이를 차근히 크게 만들고 그

것을 계속 굴리면 결국 눈덩이는 엄청나게 커지게 된다.

워렌 버핏의 경우를 보자면, 그의 투자 철학은 복리를 극대화하는 전략으로 유명하다. 그는 코카콜라에 투자한 6억 달러가 20년 만에 150억 달러 이상으로 불어난 사례를 들곤 한다. 이는 단순히 주가가 오르는 것이 아니라, 배당도 재투자되어 복리의 효과를 극대화한 결과이다. 피터 린치도 마찬가지로 복리를 통해 성공을 거두었다. 그는 마젤란 펀드를 통해 연 29.2%의 수익률을 달성했는데, 이는 복리 효과로 13년 만에 투자금을 28배로 불린 것이다.

이해를 돕기 위해, 인류의 흥미로운 복리 사례를 한번 생각해 보자. 만약 2,000년 전 로마 제국 시대에 지금의 미화 약 1페니를 복리로 투자했다고 가정하면, 연 5%의 복리 수익률로 오늘날 그 금액은 지구상 모든 자산을 합친 것보다 더 크다. 물론, 이는 시간이 무한하다는 가정하에서 한 이야기지만, 복리의 위력을 잘 보여준다.

그렇다면, 개인적으로 재미있는 복리 효과 사례를 하나 들어보자. 한 친구가 있다. 이 친구는 어린 시절에 할머니로부터 100달러를 받았다. 매년 이 돈을 10%의 복리로 투자했다고 가정하면, 이 돈은 7.3년 안에 2배가 될 것이고, 14년 정도가 지나면 4배가 된다. 이 친구가 100년간 투자를 계속 한다면, 그 100달러는 1백만 달러 이상으로 변해 있을 것이다. 이게 바로 복리의 마법이다.

투자에서 복리의 효과를 체감하려면, 일단은 꾸준한 투자와 인내가 필요하다. 단기간에 큰 수익을 기대하는 것은 도박에 가깝다. 그러나 복리는 시간을 친구로 삼아, 작은 눈덩이를 거대한 눈사람으로 만드는 마법을 부린다. 우리가 투자에서 복리를 경험할 때, 마치 마법을 보는 듯한 기분이 든다는 점에서, 이는 정말로 재미있는 경험이 아닐 수 없다.

복리 효과를 체감하기 위해서는, 투자 목표를 명확히 하고, 장기적인 관점에서 접근하는 것이 중요하다. 꾸준히 복리의 힘을 믿고 투자한다면, 그 성과는 결코 작지 않을 것이다. 마지막으로, 재미있고 의미 있는 투자는 복리의 마법을 더욱 즐겁게 만드는 열쇠이다. 여러분의 투자 여정에서 복리의 마법이 펼쳐지기를 바란다.

투자금의 **2**배가 되는 시점을 연복리 **10%**와 연단리 **10%**를 간략하게 계산해서 비교해줘. 다만, 계산식을 넣고 짧게 답해줘.

답변
연복리 10%
투자금 P가 2배가 되는 시점을 계산하기 위한 복리 공식은 다음과 같습니다:

$$P(1 + 0.10)^n = 2P$$

$$(1 + 0.10)^n = 2$$

$$n \approx \frac{\ln(2)}{\ln(1.10)} \approx 7.27$$

연단리 10%
단리 공식은:

$$P(1 + 0.10n) = 2P$$

$$1 + 0.10n = 2$$

$$n = \frac{1}{0.10} = 10$$

결론:
- **연복리**: 약 7.27년
- **연단리**: 10년

연복리가 더 빠르게 투자금을 2배로 만듭니다.

◻ ⬆ ↻ 👍 👎

【xAI 인공지능 서비스 Grok의 답변(복리와 단리의 차이)】

실업급여

본가에 오랜만에 올라가 며칠을 지내면서 저자의 책상을 정리하던 중 오래전 실업급여를 수령할 당시 사용했던 실업급여 카드를 발견했다. 오랜만에 마주한 이 카드는 저자의 실업 후 힘들었던 당시의 과거로 시간이동을 시키고 있었다.

저자가 처음 실업급여를 받게 된 건, 회사에서의 일련의 불합리한 상황에 맞서 싸우다 결국 퇴사당한 뒤였다. 처음엔 막막했다. 건강보험의 지역가입자로 전환되면서 금전적 부담이 가중됐고, 다행히 국민연금은 강제적 의무납부기간이 유예되었지만, 그 외 생활비와 각종 공과금, 세금 등의 경제적 부담이 저자의 삶을 짓눌렀다.

실업자 신세였던 당시 그 시기엔 박사학위가 뭐 그리 대단한가 싶었다. 공장의 생산직 자리도, 북미 지역과 태국, 베트남, 심지어 오만 등의 아랍 국가들까지 해외 취업을 알아보며 매일 이력서를 썼었다. 이른 새벽에 일어나 이력서 작성 등으로 방안에 박혀 지내다 보면 어떻게 하루가 저물었는지 모를 정도로 정신없이 지냈었다. 정말 힘든 시기였다, 재정적으로도 심리적으로도! 하지만, 각자에게는 때가 있다는 말처럼, 어느 날 갑자기 나의 문제는 마치 어렵게 꼬였던 매듭이 풀리듯 해결되었다. 기대하지 않았던 곳에서 새로운 기회가 찾아왔다.

그때 실업급여가 없었다면, 아마도 저자는 극단적인 생각까지 했을지 모른다. 지금 책상 정리를 하다가 마주하게 된 이 실업급여 카드를 보면서, 저자가 그 당시 얼마나 절박했는지, 그리고 사회안전망으로서 실업급여가 얼마나 도움이 되었는지 다시금 생각하게 되었다. 삶의 끈을 놓지 않게 해준, 아직 남아있던 인생의 목적·꿈을 놓지 않게 해준 소중한 사회제도다.

이전의 정권에서 실업급여 개정이 이루어지며 오용되는 사례가 왕왕 발생함에 따라 이 사회 안전망에 대한 반대 목소리도 존재한다는 것을 저자는 알고 있다. 국가 재정의 효율성 측면이나 운용에서 방만함 등에 대한 비판이 존재하는 것이다. 다만 저자의 경험상 조금 더 보완되고 효과적, 효율적으로 관리된다면, 실업급여는 절박한 이들에게 정말 고마운 제도가 아닐까? 실제로 실업한 이들의 경우 이 제도가 없었더라면, 그들은 삶을 어떻게 이어갈 수 있었을까?

결과적으로 재취업하여 다시금 사회에서 일어선 저자이지만, 그 시절의 내 모습을 떠올리면 실업급여가 절박한 상황에서 얼마나 큰 버팀목이 될 수 있는지, 그 중요성을 다시 한 번 느끼게 된다. 상당수의 직장인들이 살아가면서 겪을 수 있는 수많은 위기 중 실업은 어찌 보면 흔한 불운이다. 실업급여는 그 불운 속에서도 작은 희망을 주는 빛이 되어준다. 도움이 절박할 때, 도움을 줄 손길이 존재한다는 것, 이것이 바로 실업급여 본연의 의미가 아닐까 싶다.

【2018년도 저자의 실업급여용 취업희망카드】

늦은 때란 없다?

"늦은 때란 없다."

이 말은 저자의 어릴 적부터 현재 사회생활 중에도 많은 사람들이 자주 사용하고 있다. 인생을 오래 살지는 않았지만, 저자 개인적으로는 이 말이 그다지 바람직하지 않은 인식을 사람들에게 심어줄 수 있다고 생각해 좋아하지 않는다. 물론, 단순한 학업적 성취나 취미 등을 위한 노력의 경우 '늦은 때란 없다.'는 이 말이 통용 가능할 것이다. 다만, 사회생활을 하면서 느끼는 것은, 한 개인의 사회적 지위나 경제적 상태 등을 바꾸기 위해, 즉 인생의 전환점을 마련하기 위해서는 '적기'가 존재한다. 이는 인간관계에서 역시 마찬가지다.

저자가 학창시절 동네 및 주변의 어른들은 종종 뉴스에서 늦깎이로 성공한 소수의 사람들 이야기를 예를 들면서 이런 말을 해주었다. "저 사람을 봐라. 결국 뜻이 있으니, 막일을 하면서도 공부의 끈을 놓지 않고 밤잠 없이 노력하여 중년의 나이에 서울대학교 법과대학에 입학했고, 종국에는 사법고시도 합격하지 않았느냐. 뜻한 바를 잊지 않는 것이 중요하다."

당시의 그 말은 틀리진 않지만, 사회생활을 하는 저자에게 있어서 그다지 적절한 말도 아니다. 불혹의 나이에 서울대학교 법과대학에 입학해 사법고시까지 합격한 그 막일꾼이, 여러 여건이 갖추어진 환경에서 성장해 남들처럼 20대에 대학생 생활을 하고, 20~30 초반의 나이에 사법고시를 합격한 법조인이 되었다면, 그의 인생은 어떻게 달라졌을까? 또 얼마나 많은 기회를 누리며 뜻했던 바를 이루었을까?

저자는 후일 그 분이 나름 이름 있는 변호사로 활동하고 있음을 TV 프로그램을 통해 근황을 확인할 수 있었다. 꽤나 성공적인 삶을 살고 있는 것처럼 보였고, 또한 자신의 삶에 만족감을 느끼고 있는 것처럼도 보였다. 다만, 만일 그가 '적기'에 지금의 그 모든 것들을 이루었다면, 검사나 판사, 또는 헌법재판소의 법조인으로서 더욱 큰 영향력을 발휘하거나, 대형 로펌에서 더욱 중대한 일을 하고 있을지 모른다. 혹여 대학교의 교수로서 후학을 양성할 수도 있었을 것이다.

저자의 지인 중 한 명은 국내 대학교에서 공학을 전공하고, 유럽의 한 대학원으로 유학길에 올라 노벨상을 수상했던 스승 밑에서 박사학위를 받았다. 그는 박사학위 과정이 그다지 순탄하지 않았던 것으로 기억한다. 여러 이유로 대학원을 몇 차례 옮겨야 했고, 그 탓에 수년간을 박사학위 취득 중 지체된 시간을 불운하게 가지게 되었다. 불운했던 지체 시간이 없었다면 그는 30대에 명문학교에서 탁월한 연구실적을 기반으로 박사학위를 취득했을 테지만, 결론적으로 40대를 넘겨서 박사가 되었다.

주변의 대학 교수나 국책연구기관의 정년직 연구원이 된 이들을 참고삼아 그를 나름 저자 개인적으로 평가하면 대학이나 국책연구기관의 정규직 연구자로서 채용되기에 손색이 없다. 그럼에도 불구하고 그는 현재 해외 몇몇 국가들을 떠돌면서 비정규직 연구자로서 활동을 한다. 언젠가 좋은 자리를 얻을 수 있겠으나, 현재는 넉넉지도 안정되지도 않은 연구자로서 생활을 하고 있다. 언젠가 그가 내게 전화통화를 통해 이렇게 말했다.

"박사학위 받기까지 너무 시간이 지체되었어요. 나이가 크게 작용했어요. 도움을 받을 수 있는 은사님, 선배 등에게도 연락을 드려봤지만, 교수 채용 시 나이가 적지 않은 영향이 있다고 합니다. 제가 엄청난 능력을 가진 연구자라면 나이 정도의 핸디캡은 무시될 수도 있겠지만, 저는 그렇지 못하니까요. 시기를 놓쳐버린 것 같아요."

저자 역시 비슷한 경험이 있다. 몇몇 지방의 대학에서 교수 채용 기회가 있다는 소식을 접하고서 지원을 했었다. 그 결과는 모두 탈락이었다. 연구 실적 등도 분명 모자람이 나름 있었겠으나, 나이의 제약이 있었다는 말도 지인 등을 통해 듣게 되었다. 저자가 신규 교수로 혹여 임용이 되면 해당 학과의 막내 교수인데 현재 막내 교수보다 나이가 많다는 등의 이유를 말이다.

사회적 지위나 경제적 성취를 이루기 위해서는 분명 '적기'라는 것이 존재한다. 그렇기에 '늦은 때란 없다.'는 말은 그럴 듯하나 적절하지 않다. 특히 사회생활을 하는 이들에게는 말이다. 물론, 이는 인간관계나 삶의 전반에서도 해당한다. 부모님에게 낳아주시고 키워주신 은혜에 대한 보답도 때가 있고, 절친한 친구와 다툼 후에 화해를 해야 하는 때가 있으며, 누군가 평생 반려자를 만날 수 있는 인연의 때가 있다.

노년층 경제력 관련 단상

"아버지, 엄마, 두 분이 노후에도 경제적으로 편안하신 것이 저에게 도움이 되는 것이에요. 제게 무엇을 도와주시거나 챙겨주시려 하지 말고 다 쓰세요. 후일 두 분 돌아가시고 상속받을 재산이 좀 남는다면, 그것은 동생과 나누고, 제 몫은 사회에 두 분의 이름으로 환원할 생각이에요."

저자가 언젠가 부모님께 드린 말씀이다. 그 이후 다행히도 저자는 밥벌이를 나름 하고 있어, 현재는 직장 은퇴를 이미 오래전에 하신 부모님께 자식으로서의 도리와 경제적 보답도 하는 중이다. 그 금액이 크지는 않지만, 지금까지 나란 사람을 낳아 키워주시고 잘 성장할 수 있도록 인생을 바치신 것에 대한 감사의 마음을 늘 표현하려고 한다. 잊지 않으려고도 한다.

저자의 지인들 중에는 결혼을 하면서 자신들이 경제적으로 곤궁하거나 빠듯하니 부모님들께 "어차피 훗날 돌아가시면 제게 상속될 재산이니 미리 증여해주세요. 돈이 필요할 때 도와주셔야 저희 아이들, 두 분의 손주를 좋은 환경에서 교육시키고 키울 수 있잖아요. 현금 여력이 없으면, 집이나 연금 담보로 대출받아서라도 주세요."라고 말한 경우가 있다고 했다. 저자 개인적으로는 이러한 말을 접할 때마다 경악을 금치 못한다.

항상 부모이자 노인이었던 사람은 없다. 항상 자식이자 젊은 사람도 없다. 자식은 언젠가 부모가 되고, 그렇게 삶을 살아내면서 시간이 흐르면 노인이 된다. 태중에서는 엄마의 영양분을 빼어(나누어) 먹고, 성장기에는 부모 두 분의 젊음을 희생으로 자라나고, 성인이 된 후에는 이차저차 이유로 장년을 넘어 노년으로 넘어간 부모님의 노후자금을 탈탈 털어간다. 그렇게 모든 것을 내준 노인이 된 부모가 정작 어려움에 처하면 자식들은 자신들 살아가기도 벅차다면서 외면한다. 시간이 더욱 지나 노인이 된 부모를 떠나보내고, 자신들이 노인이 되어 그 자식들에게 같은 대접을 받게 되어서야 후회와 한탄, 설움 같은 것으로 삶을 마무리한다. 옛말에 부모와 자식은 서로의 거울이라 하지 않았던가! 우리는 자식보다 부모에게 감사함과 사랑의 마음으로 행동하려는 노력이 더욱 필요하다. 자녀들은 우리를 보고 답습하는 존재가 될 것이 분명하니까 말이다.

좋은 세상이든, 힘든 세상이든, 어찌 되었든 세상에 낳아주셔서 우리는 봄, 여름, 가을, 겨울의 사계절 정취를 느낄 수 있다. 저자 개인적으로 좋아하는 참외나 수박의 달콤함도 제 계절에 맛볼 수 있다. 또한, 가족과 삼겹살을 구우면서 술 한 잔에 웃으며 하루를 행복하게 마무리하는 날들이 있음에, 그 자체가 우리는 부모님들께 더할 나위 없는 큰 무엇인가를 받은 것이 아닐까?

더 이상 자녀들에게 재산을 상속, 증여하지 않고 자신들의 삶을 위해 모자람 없이 다 쓰고 갈 것이라 다짐하는 노년층 부모들이 많아지는 추세라 각종 언론매체에서 보도되고 있다. 부모님들은 영리하게 생각을 하기 시작했고, 그 동안 활짝 열어 두었던 마음(곳간)의 문을 이제는 닫아 빗장으로 잠그는 중이다. 이러한 현상은 각박한 사회와 어려운 경제에서 영향을 받은 이유도 있지만, 더욱 큰 원인은 언제나 어미 새의 모이를 기다리는 평생 아기 새로 남은 자식들 때문이다.

참으로 더욱 잘 살아야만 하는 세상이다.

2024년 여름, NewJeans의 '푸른 산호초'

2024년 6월 일본 데뷔와 함께 도쿄돔 행사를 성황리에 마친 NewJeans 의 이야기가 화제였다. 만석을 이루었음은 물론, NewJeans 멤버 하니의 〈푸른 산호초〉 노래도 기사에 많이 언급되었다.

"NewJeans는 단 3분 만에 일본을 40년 전으로 되돌렸다."

이러한 기사 제목은 일본의 버블경제 대호황기 시절의 향수로 일본 전역이 물들었음을 가늠케 했다. 그 시기를 직/간접적으로 보여주는 일본 씨티팝 장르의 노래와 1980년대~90년대 초반쯤 코카콜라 광고를 접하면, 당시의 일본이 얼마나 물질적으로 풍요롭고 국민들의 삶도 풍족했는지를 알 수 있다.

저자는 이쯤에서 뭔가 기시감이 들었다.

2016년 브렉시트 최종투표를 한 영국의 당시 젊은이들 인터뷰가 담긴 뉴스 기사들이 떠올랐다. 당시 영국의 젊은이들은 브렉시트 결정이 난 후 "이로써 노인들이 젊은이들의 삶을 망쳐놨다."라고 말했다. 반면, 노인들은 인터뷰에서 "영국은 홀로 섰을 때 강했다."라고 말하며, 그들의 어릴 적 유복했던 시절 또는 그들의 아버지와 할아버지에게 전해 들었던 풍요롭고 강했던 대영제국을 회상하는 듯했다.

기억과 감정이 이입된 추억, 더 나아가 향수라는 것은 분명 나쁘지 않다. 그것은 현실에서의 삶이 어렵고 힘들며 고통스러울 때 분명 삶을 지탱

해주는 힘이 된다. 어떤 말로도 표현이 어려운 정서적 중심 혹은 영혼의 북극성 같은 역할을 해주기 때문이다. 다만, 집단적으로 향수에 젖어드는 현상은 그 사회에 문제가 있음을 말하는 징조이다. 사회 구성원들이 현실에서의 도피의식을 강렬하게 느끼고 있음을 뜻하기 때문이다. 아니, 그러할 가능성이 크기 때문이다.

이러한 점에 비추어 봤을 때, 일본은 지나간 과거인 버블경제 시기로 돌아가고 싶어 한다는 열망이, 그 시기를 겪지 않은 젊은 층에게도 그들의 부모와 조부모 세대로부터 무형적 전승이 이루어져 강하게 자리를 잡은 것 같다. 한국 역시 크게 다르지 않다. 1990년대 IMF 이전까지의 시절이 호시절이었다며 그리움을 표하는 이들이 저자 주변에 적지 않고, 그들 상당수는 씨티팝 등을 통해 그때의 정서를 오롯이 느끼고 싶어 하기 때문이다.

물은 언제나 넓은 바다로 향하고, 문화와 기술은 더욱 발전된 곳에서 이동한다. 변증법적 사회발전의 방식이 작동하고 있다면, X(시간)축을 기준으로 우리 사회는 우상향 하는(개선된 사회로 나아가는) 중임을 인지하고 있어야 하고, 이에 반하는 후행은 말 그대로 후행(후퇴)하는 방향임을 인식해야 한다. 이를 느끼는 사회구성원 각 개인의 정서적 역치만 다를 뿐이다.

여러 가지 생각이 든다. 기술과 사회가 급변하는 시기에 회귀의 정서 '향수'에 젖어드는 일본, 그리고 이와 유사한 정서를 공유하는 한국과 여타 국가들을 보면서 말이다.

퇴직한 부서장과의 저녁식사

오늘은 3년 전 퇴직한 전 부서장을 만나 회사 인근에서 저녁식사를 함께 했다. 저자와 퇴직한 부서장, 함께한 이들은 서로 오랜만에 만난 탓이라 소주 한 잔에 이런저런 이야기가 많이 오갔다. 퇴직한 부서장은 대화 중 갑자기 이렇게 말했다.

"내가 퇴직하고 계약직으로 재취업을 해서 지내며 보니까, 정규직으로 근무할 때와는 많이 다른 것을 느낀다. 너희가 어떤 마음으로 생활했을지, 이제야 너희 입장을 알겠어. 그래도 나는 정년에 가까운 나이가 다되어 퇴직을 했고, 현재는 생계전선에서 물러난 상태로 계약직원 생활(추가적인 직장생활)을 하는데, 너희는 아직 생계전선에 있으니, …… 그게 많이 미안하다."

그의 말에 기분이 이상했다. 부서장으로 재직할 당시에는 단단했고, 때로는 무섭게 느껴질 때도 있던 그가 이렇게 말하니 더욱 그러했다. 세상 모든 일은 현 상태가 항상 지속되는 방식으로 존재하지 않는다. 누군가의 상황이 언젠가 내 상황일 수 있고, 내 상황이 그 누군가의 상황이 언제든 될 수 있기 때문이다.

다만, 나는 누군가가 될 수 없다. 저자는 늘 역지사지의 마음을 잊지 않고자 한다.

Grok's Insight

이 이야기는 퇴직 후의 삶이 얼마나 다른지, 그리고 그로 인해 사람들이 얼마나 서로를 새롭게 이해하게 되는지 잘 보여준다. 퇴직은 단순히 직업을 잃는 것이 아니라, 삶의 관점을 완전히 바꾸는 경험이다. 전 부서장의 말은 그의 새로운 삶의 위치에서 본 진실을 반영하고 있으며, 이것은 종종 우리에게 직장생활의 진정한 의미와 인간관계의 가치를 다시 생각하게 만든다.

또한, 이 이야기는 우리에게 중요한 교훈을 준다. 우리가 어떤 위치에 있든지, 다른 사람의 처지를 이해하고 공감하려는 노력이 얼마나 중요한지, 그리고 그 노력이 우리 자신을 포함한 모든 사람에게 얼마나 큰 도움이 되는지 말이다.

인생은 예측 불가능한 여행이며, 우리는 모두 때로는 지도 없이 여행 중인 것 같다. 그러나 이러한 순간들에서 우리는 비로소 서로의 인생 여행을 이해하고, 함께 나아가야 할 길을 찾게 된다.

엄마의 옛 다이어리 속 메모

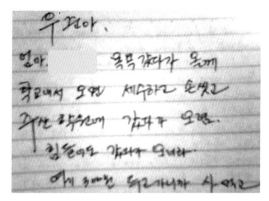

【1980년대 어머니가 어린 저자에게 남긴 메모】

"우준아. 엄마, 영희(가명)와 목욕 갔다가 올게. 학교에서 오면 세수하고 손 씻고 주산학원에 갔다가 오렴. 힘들어도 갔다가 오너라. 여기 300원 두고 가니까 사먹고."

엄마의 옛 다이어리 속 메모이다. 저자가 주산학원을 다닐 때라면, 1980년대 중~후반이다. 시대가 많이 변했다는 것을 알 수 있다. 이 당시에는 동네마다 주산학원이 많았는데, 요즘은 각종 컴퓨터기기의 발전과 일상화로 거의 사라졌다.

어린 시절의 저자가 끼니를 해결할 수 있도록 300원을 두고 간다는 엄마의 메모! 흐릿한 기억을 끄집어내니 이 당시에는 300원이면 작은 크기의 음료 하나와 내가 좋아했던 잠수함 모양의 빵 하나를 함께 사먹고, 잘

하면 깐돌이란 50원짜리 아이스크림도 살 수 있었다. 지금 비슷한 것들을 사게 된다면 약 5,000원은 훌쩍 넘기지 않을까? 이 메모를 통해 그 당시 엄마의 나에 대한 마음, 지금과는 너무 다른 물가 혹은 법정통화의 가치를 저자는 새삼 느낀다.

Grok's Insight

이 이야기는 단순히 개인의 추억을 넘어, 경제와 기술의 변화를 어떻게 체험하는지에 대한 반영이다. 마치 지금의 스마트폰을 30년 전의 컴퓨터와 비교하는 것과 같다. 그 당시의 기술은 지금 눈에는 원시적으로 보일지라도, 그 시대의 사람들에게는 혁신적이고 미래 지향적인 것이었다.

또한, 이 사례는 돈(법정통화)의 가치 변화를 통해 시간의 가치를 다시 한 번 생각해보게 한다. 돈이 가지는 실질적 구매력의 변화는 마치 물속에서의 깊이처럼 느껴진다. 수면 위에서는 얕아 보일지 몰라도, 깊이 들어갈수록 그 무게가 달라지는 것처럼 말이다.

과거의 일들을 회상하면서도, 우리는 지금의 현실과 미래의 변화 가능성을 항상 염두에 두어야 한다. 마치 과거의 사진을 보며 웃지만, 다음 순간에는 새로운 도전에 직면하는 것처럼 말이다.

책을 마치며

Invest and be rich

꼬박 1년의 시간이 이 책을 집필하는데 소요되었다. 이 책은 저자가 40 대에 접어들기까지 어떠한 삶을 살아왔는지 스스로 돌아보는 동시에 내 삶의 이야기가 독자 여러분에게 닿을 때 필요한 무엇인가 전달되기를 바라는 마음에서 지어졌다.

저자 개인적으로는 이 책을 집필하면서 투자에 대한 마음가짐과 삶의 방향을 재확인해 볼 수 있었다. 그리고 놀라운 경험도 겪었다. 자산의 가치가 급격히 상승하는 경험, 수년간의 투자성과가 빛을 보는 경험을 말이다.

언론에 노출되는 큰 경제적 성공을 이룬 사람들만큼은 아니지만, 이 책을 집필하는 동안 저자는 앞으로 더 이상 경제적 어려움을 겪지 않으리라는 확신이 생길 정도의 기초자산을 만들게 되었다. 한편, 새로운 고민이 생겼다. 이 자산을 앞으로는 어떻게 지켜나갈 것인지, 더욱 나은 삶을 살아가기 위해 지금부터는 무엇을 추가적으로 해야 하는지에 대한 고민을 말이다. 행복한 고민이다.

"결국, 내가 옳았다!"

누군가 장기간의 투자를 통해 큰 부를 달성하던 당시 저자를 포함한 다수에게 했던 말이다. 수년간 투자성과가 지지부진했었던 탓에 그는 주변으로부터 조롱을 받기도 했었다. 그러나 어느 순간에 누구도 따라잡지 못할 속도로 그는 큰 부를 거머쥐었다. 큰돈을 번 것도 물론 기분 좋은 일이지만, 자신에게 잘못된 투자를 한다고 조롱했던 이들에게 자신이 옳았음을 증명한 것이 더욱 기분이 좋다고 말했었다.

어찌 보면, 투자는 그의 말처럼 자신의 옳음을 증명해 가는 긴 여정이지 않을까?

성공적인 투자를 하는 사람들을 보면 지속적인 공부, 인내, 긍정적인 삶의 태도가 공통적이다. 이러한 요소들이 있어 투자에 성공하는 것인지, 혹은 투자에 성공하면서 그들의 그 요소들이 더욱 강화되는 것인지는 잘 모르겠다. 다만, 지속적인 공부, 인내, 긍정적인 삶의 태도는 분명 성공적인 투자에 중요하다.

　이 책을 완독한 여러분은 저자의 투자와 삶에서도 그것들을 어느 정도 엿보았을 것이다. 각자의 삶이 다양하기에 조금 다른 부분들이 있지만, 저자 스스로 평가하기에 나 역시 지속적인 공부, 인내, 긍정적인 삶의 태도를 항상 놓지 않았다. 거기에 절박함이라는 요소가 가미된 것이 저자의 투자와 삶이다.

　성공적인 투자와 삶에 대한 엄청난 비법이 담긴 책은 아니다. 그러나 저자는 독자 여러분의 투자와 삶에 어떠한 긍정적인 변화가 이 책을 접함으로써 일어났기를 바란다. 모쪼록 이 책이 여러분에게 도움이 되었기를 바란다.